PREFAZIONE

La raccolta di frasari da viaggio "Andrà tutto bene!" pubblicati da T&P Books è destinata a coloro che viaggiano all'estero per turismo e per motivi professionali. I frasari contengono ciò che conta di più - gli elementi essenziali per la comunicazione di base. Questa è un'indispensabile serie di frasi utili per "sopravvivere" durante i soggiorni all'estero.

Questo frasario potrà esservi di aiuto nella maggior parte dei casi in cui dovrete chiedere informazioni, ottenere indicazioni stradali, domandare quanto costa qualcosa, ecc. Risulterà molto utile per risolvere situazioni dove la comunicazione è difficile e i gesti non possono aiutarci.

Questo libro contiene molte frasi che sono state raggruppate a seconda degli argomenti più importanti. Questa edizione include anche un piccolo vocabolario che contiene circa 3.000 termini più utilizzati abitualmente. Un'altra sezione del frasario contiene un dizionario gastronomico che vi sarà utile per ordinare pietanze al ristorante o per fare acquisti di genere alimentare.

Durante i vostri viaggi portate con voi il frasario "Andrà tutto bene!" e disporrete di un insostituibile compagno di viaggio che vi aiuterà nei momenti di difficoltà e vi insegnerà a non avere paura di parlare in un'altra lingua straniera.

INDICE

T&P Books Publishing

T&P Books Publishing

FRASARIO

– ALBANESE –

Andrey Taranov

I TERMINI E LE ESPRESSIONI PIÙ UTILI

Questo frasario contiene
espressioni e domande
di uso comune che
risulteranno utili
per intraprendere
conversazioni di base
con gli stranieri

T&P BOOKS

Frasario + dizionario da 3000 vocaboli

Frasario Italiano-Albanese e vocabolario tematico da 3000 vocaboli

Di Andrey Taranov

La raccolta di frasari da viaggio "Andrà tutto bene!" pubblicati da T&P Books è destinata a coloro che viaggiano all'estero per turismo e per motivi professionali. I frasari contengono ciò che conta di più - gli elementi essenziali per la comunicazione di base. Questa è un'indispensabile serie di frasi utili per "sopravvivere" durante i soggiorni all'estero.

Questo libro inoltre include un piccolo vocabolario tematico che comprende circa 3.000 termini più utilizzati abitualmente. Un'altra sezione del frasario contiene un dizionario gastronomico che vi sarà utile per ordinare pietanze al ristorante o per fare acquisti di genere alimentare.

T&P Books Publishing
www.tpbooks.com

ISBN: 978-1-78767-170-6

Questo libro è disponibile anche in formato e-book.
Visitate il sito www.tpbooks.com o le principali librerie online.

PRONUNCIA

Alfabeto fonetico T&P	Esempio albanese	Esempio italiano
[a]	flas [flas]	macchia
[e], [ɛ]	melodi [mɛlodí]	meno, leggere
[ə]	kërkoj [kərkój]	soldato (dialetto foggiano)
[i]	pikë [píkə]	vittoria
[o]	motor [motór]	notte
[u]	fuqi [fucí]	prugno
[y]	myshk [myʃk]	luccio
[b]	brakë [brákə]	bianco
[c]	oqean [ocɛán]	chiesa
[d]	adoptoj [adoptój]	doccia
[dz]	lexoj [lɛdzój]	zebra
[dʒ]	xham [dʒam]	piangere
[ð]	dhomë [ðómə]	come [z] ma con la lingua fra i denti
[f]	i fortë [i fórtə]	ferrovia
[g]	bullgari [buɫgarí]	guerriero
[h]	jaht [jáht]	[h] aspirate
[j]	hyrje [hýrjɛ]	New York
[ɟ]	zgjedh [zɟɛð]	ghianda
[k]	korik [korík]	cometa
[l]	lëviz [ləvíz]	saluto
[ɫ]	shkallë [ʃkáɫə]	letto
[m]	medalje [mɛdáljɛ]	mostra
[n]	klan [klan]	notte
[ɲ]	spanjoll [spaɲóɫ]	stagno
[ŋ]	trung [truŋ]	anche
[p]	polici [politsí]	pieno
[r]	i erët [i érət]	ritmo, raro
[ɾ]	groshë [gɾóʃə]	Spagnolo - pero
[s]	spital [spitál]	sapere
[ʃ]	shes [ʃɛs]	ruscello
[t]	tapet [tapét]	tattica
[ts]	batica [batítsa]	calzini
[tʃ]	kaçube [katʃúbɛ]	cinque
[v]	javor [javór]	volare
[z]	horizont [horizónt]	rosa

5

Alfabeto fonetico T&P	Esempio albanese	Esempio italiano
[ʒ]	kuzhinë [kuʒínə]	beige
[θ]	përkthej [pərkθéj]	Toscana (dialetto toscano)

LISTA DELLE ABBREVIAZIONI

Italiano. Abbreviazioni

agg	-	aggettivo
anim.	-	animato
avv	-	avverbio
cong	-	congiunzione
ecc.	-	eccetera
f	-	sostantivo femminile
f pl	-	femminile plurale
fem.	-	femminile
form.	-	formale
inanim.	-	inanimato
inform.	-	familiare
m	-	sostantivo maschile
m pl	-	maschile plurale
m, f	-	maschile, femminile
masc.	-	maschile
mil.	-	militare
pl	-	plurale
pron	-	pronome
qc	-	qualcosa
qn	-	qualcuno
sing.	-	singolare
v aus	-	verbo ausiliare
vi	-	verbo intransitivo
vi, vt	-	verbo intransitivo, transitivo
vr	-	verbo riflessivo
vt	-	verbo transitivo

Albanese. Abbreviazioni

f	-	sostantivo femminile
m	-	sostantivo maschile
pl	-	plurale

T&P BOOKS

FRASARIO ALBANESE

Questa sezione contiene frasi importanti che potranno rivelarsi utili in varie situazioni di vita quotidiana. Il frasario vi sarà di aiuto per chiedere indicazioni, chiarire il prezzo di qualcosa, comprare dei biglietti e ordinare pietanze in un ristorante

T&P Books Publishing

INDICE DEL FRASARIO

T&P Books Publishing

Mi scusi, ...	**Më falni, ...** [mə fálni, ...]
Buongiorno.	**Përshëndetje.** [pərʃəndétjɛ]
Grazie.	**Faleminderit.** [falɛmindérit]
Arrivederci.	**Mirupafshim.** [mirupáfʃim]
Sì.	**Po.** [po]
No.	**Jo.** [jo]
Non lo so.	**Nuk e di.** [nuk ɛ di]
Dove? | Dove? (~ stai andando?) | Quando?	**Ku? | Për ku? | Kur?** [ku? | pər ku? | kur?]

Ho bisogno di ...	**Më nevojitet ...** [mə nɛvojítɛt ...]
Voglio ...	**Dua ...** [dúa ...]
Avete ...?	**Keni ...?** [kéni ...?]
C'è un /una/ ... qui?	**A ka ... këtu?** [a ka ... kətú?]
Posso ...?	**Mund të ...?** [mund tə ...?]
per favore	**..., ju lutem** [...], [ju lútɛm]

Sto cercando ...	**Kërkoj ...** [kərkój ...]
il bagno	**tualet** [tualét]
un bancomat	**bankomat** [bankomát]
una farmacia	**farmaci** [farmatsí]
un ospedale	**spital** [spitál]
la stazione di polizia	**komisariat policie** [komisariát politsíɛ]
la metro	**metro** [mɛtró]

un taxi	**taksi** [táksi]
la stazione (ferroviaria)	**stacion treni** [statsión tɾɛni]

Mi chiamo ...	**Më quajnë ...** [mə cúajnə ...]
Come si chiama?	**Si quheni?** [si cúhɛni?]
Mi può aiutare, per favore?	**Ju lutem, mund të ndihmoni?** [ju lútɛm], [mund tə ndihmóni?]
Ho un problema.	**Kam një problem.** [kam ɲə problém]
Mi sento male.	**Nuk ndihem mirë.** [nuk ndíhɛm mírə]
Chiamate l'ambulanza!	**Thërrisni një ambulancë!** [θərísni ɲə ambulántsə!]
Posso fare una telefonata?	**Mund të bëj një telefonatë?** [mund tə bəj ɲə tɛlɛfonátə?]

Mi dispiace.	**Më vjen keq.** [mə vjɛn kɛc]
Prego.	**Ju lutem.** [ju lútɛm]

io	**unë, mua** [únə], [múa]
tu	**ti** [ti]
lui	**ai** [ai]
lei	**ajo** [ajó]
loro (m)	**ata** [atá]
loro (f)	**ato** [ató]
noi	**ne** [nɛ]
voi	**ju** [ju]
Lei	**ju** [ju]

ENTRATA	**HYRJE** [hýɾjɛ]
USCITA	**DALJE** [dáljɛ]
FUORI SERVIZIO	**NUK FUNKSIONON** [nuk funksionón]
CHIUSO	**MBYLLUR** [mbýɬuɾ]

APERTO	**HAPUR** [hápur]
DONNE	**PËR FEMRA** [pər fémra]
UOMINI	**PËR MESHKUJ** [pər méʃkuj]

Domande

Dove?	Ku?
	[ku?]
Dove? (~ stai andando?)	Për ku?
	[pər ku?]
Da dove?	Nga ku?
	[ŋa ku?]
Perchè?	Pse?
	[psɛ?]
Per quale motivo?	Për çfarë arsye?
	[pər tʃfárə arsýɛ?]
Quando?	Kur?
	[kur?]

Per quanto tempo?	Sa kohë?
	[sa kóhə?]
A che ora?	Në çfarë ore?
	[nə tʃfárə órɛ?]
Quanto?	Sa kushton?
	[sa kuʃtón?]
Avete ...?	Keni ...?
	[kéni ...?]
Dov'e ...?	Ku ndodhet ...?
	[ku ndóðɛt ...?]

Che ore sono?	Sa është ora?
	[sa éʃtə óra?]
Posso fare una telefonata?	Mund të bëj një telefonatë?
	[mund tə bəj ɲə tɛlɛfonátə?]
Chi è?	Kush është?
	[kuʃ éʃtə?]
Si può fumare qui?	Mund të pi duhan këtu?
	[mund tə pi duhán kətú?]
Posso ...?	Mund të ...?
	[mund tə ...?]

Necessità

Vorrei ...	**Do të doja ...** [do tə dója ...]
Non voglio ...	**Nuk dua ...** [nuk dúa ...]
Ho sete.	**Kam etje.** [kam étjɛ]
Ho sonno.	**Dua të fle.** [dúa tə flé]

Voglio ...	**Dua ...** [dúa ...]
lavarmi	**të lahem** [tə láhɛm]
lavare i denti	**të laj dhëmbët** [tə laj ðə́mbət]
riposae un po'	**të pushoj pak** [tə puʃój pak]
cambiare i vestiti	**të ndërrohem** [tə ndəróhɛm]

tornare in albergo	**të kthehem në hotel** [tə kθéhɛm nə hotél]
comprare ...	**të blej ...** [tə blɛj ...]
andare a ...	**të shkoj në ...** [tə ʃkoj nə ...]
visitare ...	**të vizitoj ...** [tə vizitój ...]
incontrare ...	**të takohem me ...** [tə takóhɛm mɛ ...]
fare una telefonata	**të bëj një telefonatë** [tə bəj ɲə tɛlɛfonátə]

Sono stanco.	**Jam i /e/ lodhur.** [jam i /ɛ/ lóður]
Siamo stanchi.	**Jemi të lodhur.** [jémi tə lóður]
Ho freddo.	**Kam ftohtë.** [kam ftóhtə]
Ho caldo.	**Kam vapë.** [kam vápə]
Sto bene.	**Jam mirë.** [jam mírə]

Devo fare una telefonata.

Duhet të bëj një telefonatë.
[dúhɛt tə bəj ɲə tɛlɛfonátə]

Devo andare in bagno.

Duhet të shkoj në tualet.
[dúhɛt tə ʃkoj nə tualét]

Devo andare.

Duhet të ik.
[dúhɛt tə ik]

Devo andare adesso.

Duhet të ik tani.
[dúhɛt tə ik taní]

Come chiedere indicazioni

Mi scusi, ...	**Më falni, ...** [mə fálni, ...]
Dove si trova ...?	**Ku ndodhet ...?** [ku ndóðɛt ...?]
Da che parte è ...?	**Si shkohet në ...?** [si ʃkóhɛt nə ...?]
Mi può aiutare, per favore?	**Ju lutem, mund të më ndihmoni?** [ju lútɛm], [mund tə mə ndihmóni?]

Sto cercando ...	**Kërkoj ...** [kərkój ...]
Sto cercando l'uscita.	**Kërkoj daljen.** [kərkój dáljɛn]
Sto andando a ...	**Po shkoj në ...** [po ʃkoj nə ...]
Sto andando nella direzione giusta per ...?	**A po shkoj siç duhet për në ...?** [a po ʃkoj sitʃ dúhɛt pər nə ...?]

E' lontano?	**Është larg?** [ə́ʃtə larg?]
Posso andarci a piedi?	**Mund të shkoj me këmbë deri atje?** [mund tə ʃkoj mɛ kə́mbə déri atjé?]
Può mostrarmi sulla piantina?	**Mund të më tregoni në hartë?** [mund tə mə trɛgóni nə hártə?]
Può mostrarmi dove ci troviamo adesso.	**Më tregoni ku ndodhemi tani.** [mə trɛgóni ku ndóðɛmi taní]

Qui	**Këtu** [kətú]
Là	**Atje** [atjé]
Da questa parte	**Këtej** [kətéj]

Giri a destra.	**Kthehuni djathtas.** [kθéhuni djáθtas]
Giri a sinistra.	**Kthehuni majtas.** [kθéhuni májtas]
La prima (la seconda, la terza) strada	**kthesa e parë (e dytë, e tretë)** [kθésa ɛ párə (ɛ dýtə], [ɛ trétə)]
a destra	**djathtas** [djáθtas]

a sinistra

majtas
[májtas]

Vada sempre dritto.

ecni drejt
[étsni dréjt]

Segnaletica

BENVENUTO!	**MIRË SE ERDHËT!** [mírə sɛ érðət!]
ENTRATA	**HYRJE** [hýrjɛ]
USCITA	**DALJE** [dáljɛ]

SPINGERE	**SHTY** [ʃty]
TIRARE	**TËRHIQ** [tərhíc]
APERTO	**HAPUR** [hápur]
CHIUSO	**MBYLLUR** [mbýɬur]

DONNE	**PËR FEMRA** [pər fémra]
UOMINI	**PËR MESHKUJ** [pər méʃkuj]
BAGNO UOMINI	**ZOTËRINJ** [zotəríɲ]
BAGNO DONNE	**ZONJA** [zóɲa]

SALDI | SCONTI	**ULJE** [úljɛ]
IN SALDO	**ULJE** [úljɛ]
GRATIS	**FALAS** [fálas]
NOVITA!	**E RE!** [ɛ ré!]
ATTENZIONE!	**KUJDES!** [kujdés!]

COMPLETO	**NUK KA VENDE TË LIRA** [nuk ka véndɛ tə líra]
RISERVATO	**REZERVUAR** [rɛzɛrvúar]
AMMINISTRAZIONE	**ADMINISTRATA** [administráta]
RISERVATO AL PERSONALE	**VETËM PËR PERSONELIN** [vétəm pər pɛrsonélin]

ATTENTI AL CANE!	**KUJDES NGA QENI!** [kujdés ŋa céni!]
VIETATO FUMARE	**NDALOHET DUHANI!** [ndalóhɛt duháni!]
NON TOCCARE	**MOS PREKNI!** [mos prékni!]
PERICOLOSO	**I RREZIKSHËM** [i rɛzíkʃəm]
PERICOLO	**RREZIK** [rɛzík]
ALTA TENSIONE	**VOLTAZH I LARTË** [voltáʒ i lártə]
DIVIETO DI BALNEAZIONE	**NDALOHET NOTI!** [ndalóhɛt nóti!]

FUORI SERVIZIO	**NUK FUNKSIONON** [nuk funksionón]
INFIAMMABILE	**I DJEGSHËM** [i djégʃəm]
VIETATO	**I NDALUAR** [i ndalúar]
VIETATO L'ACCESSO	**NDALOHET KALIMI!** [ndalóhɛt kalími!]
PITTURA FRESCA	**BOJË E FRESKËT** [bójə ɛ fréskət]

CHIUSO PER RESTAURO	**MBYLLUR PËR RESTAURIM** [mbýɫur pər rɛstaurim]
LAVORI IN CORSO	**PO KRYHEN PUNIME** [po krýhɛn punímɛ]
DEVIAZIONE	**DEVIJIM** [dɛvijím]

Mezzi di trasporto - Frasi generiche

aereo	**avion** [avión]
treno	**tren** [trɛn]
autobus	**autobus** [autobús]
traghetto	**traget** [tragét]
taxi	**taksi** [táksi]
macchina	**makinë** [makínə]

orario	**orar** [orár]
Dove posso vedere l'orario?	**Ku mund të shikoj oraret?** [ku mund tə ʃikój orárɛt?]
giorni feriali	**ditë pune** [dítə púnɛ]
giorni di festa (domenica)	**fundjava** [fundjáva]
giorni festivi	**pushime** [puʃímɛ]

PARTENZA	**NISJE** [nísjɛ]
ARRIVO	**MBËRRITJE** [mbərítjɛ]
IN RITARDO	**VONESË** [vonésə]
CANCELLATO	**ANULUAR** [anulúar]

il prossimo (treno, ecc.)	**tjetër** [tjétər]
il primo	**parë** [párə]
l'ultimo	**fundit** [fúndit]

Quando è il prossimo …?	**Kur është … tjetër?** [kur əʃtə … tjétər?]
Quando è il primo …?	**Kur është … i parë?** [kur əʃtə … i párə?]

Quando è l'ultimo ...?

Kur është ... i fundit?
[kur ə∫tə ... i fúndit?]

scalo

ndërrim
[ndərím]

effettuare uno scalo

të ndërroj
[tə ndərój]

Devo cambiare?

Duhet të ndërroj?
[dúhɛt tə ndərój?]

Acquistando un biglietto

Dove posso comprare i biglietti?	**Ku mund të blej bileta?** [ku mund tə bléj biléta?]
biglietto	**biletë** [bilétə]
comprare un biglietto	**të blej biletë** [tə blɛj bilétə]
il prezzo del biglietto	**çmimi i biletës** [tʃmími i bilétəs]

Dove?	**Për ku?** [pər ku?]
In quale stazione?	**Në cilin stacion?** [nə tsílin statsión?]
Avrei bisogno di ...	**Më nevojitet ...** [mə nɛvojítɛt ...]
un biglietto	**një biletë** [ɲə bilétə]
due biglietti	**dy bileta** [dy biléta]
tre biglietti	**tre bileta** [trɛ biléta]

solo andata	**vajtje** [vájtjɛ]
andata e ritorno	**me kthim** [mɛ kθim]
prima classe	**klasi i parë** [klási i párə]
seconda classe	**klasi i dytë** [klási i dýtə]

oggi	**sot** [sot]
domani	**nesër** [nésər]
dopodomani	**pasnesër** [pasnésər]
la mattina	**në mëngjes** [nə mənɟés]
nel pomeriggio	**në pasdite** [nə pasdítɛ]
la sera	**në mbrëmje** [nə mbrémjɛ]

posto lato corridoio

ulëse në korridor
[úləsɛ nə koridór]

posto lato finestrino

ulëse tek dritarja
[úləsɛ tɛk dritárja]

Quanto?

Sa kushton?
[sa kuʃtón?]

Posso pagare con la carta di credito?

Mund të paguaj me kartelë krediti?
[mund tə pagúaj mɛ kartélə krɛdíti?]

Autobus

autobus	**autobus** [autobús]
autobus interurbano	**autobus urban** [autobús urbán]
fermata dell'autobus	**stacion autobusi** [statsión autobúsi]
Dov'è la fermata dell'autobus più vicina?	**Ku ndodhet stacioni më i afërt i autobusit?** [ku ndóðɛt statsióni mə i áfərt i autobúsit?]

numero	**numri** [númri]
Quale autobus devo prendere per andare a ...?	**Cilin autobus duhet të marr për të shkuar në ...?** [tsílin autobús dúhɛt tə mar pər tə ʃkúar nə ...?]
Questo autobus va a ...?	**A shkon ky autobus në ...?** [a ʃkon ky autobús nə ...?]
Qual'è la frequenza delle corse degli autobus?	**Sa shpesh kalojnë autobusët?** [sa ʃpɛʃ kalójnə autobúsət?]

ogni 15 minuti	**çdo 15 minuta** [tʃdo pɛsəmbəðjétə minúta]
ogni mezzora	**çdo gjysmë ore** [tʃdo ɟýsmə órɛ]
ogni ora	**çdo një orë** [tʃdo ɲə órə]
più a volte al giorno	**disa herë në ditë** [dísa hérə nə dítə]
... volte al giorno	**... herë në ditë** [... hérə nə dítə]

orario	**orari** [orári]
Dove posso vedere l'orario?	**Ku mund të shikoj oraret?** [ku mund tə ʃikój orárɛt?]
Quando passa il prossimo autobus?	**Kur është autobusi tjetër?** [kur ə́ʃtə autobúsi tjétər?]
A che ora è il primo autobus?	**Kur është autobusi i parë?** [kur ə́ʃtə autobúsi i párə?]
A che ora è l'ultimo autobus?	**Kur është autobusi i fundit?** [kur ə́ʃtə autobúsi i fúndit?]

fermata	**stacion** [statsión]
prossima fermata	**stacioni tjetër** [statsióni tjétər]
ultima fermata	**stacioni i fundit** [statsióni i fúndit]
Può fermarsi qui, per favore.	**Ju lutem, ndaloni këtu.** [ju lútɛm], [ndalóni kətú]
Mi scusi, questa è la mia fermata.	**Më falni, ky është stacioni im.** [mə fálni], [ky ə́ʃtə statsióni im]

Treno

treno	**tren** [trɛn]
treno locale	**tren lokal** [trɛn lokál]
treno a lunga percorrenza	**tren** [trɛn]
stazione (~ ferroviaria)	**stacion treni** [statsión trɛni]
Mi scusi, dov'è l'uscita per il binario?	**Më falni, ku është dalja për në platformë?** [mə fálni], [ku ə́ʃtə dálja pər nə platfórmə?]

Questo treno va a ...?	**A shkon ky tren në ...?** [a ʃkon ky trɛn nə ...?]
il prossimo treno	**treni tjetër** [tréni tjétər]
Quando è il prossimo treno?	**Kur vjen treni tjetër?** [kur vjɛn tréni tjétər?]
Dove posso vedere l'orario?	**Ku mund të shikoj oraret?** [ku mund tə ʃikój orárɛt?]
Da quale binario?	**Nga cila platformë?** [ŋa tsíla platfórmə?]
Quando il treno arriva a ... ?	**Kur arrin treni në ...** [kur arín tréni nə ...]

Mi può aiutare, per favore.	**Ju lutem më ndihmoni.** [ju lútɛm mə ndihmóni]
Sto cercando il mio posto.	**Kërkoj ulësen time.** [kərkój úləsɛn tímɛ]
Stiamo cercando i nostri posti.	**Po kërkojmë ulëset tona.** [po kərkójmə úləsɛt tóna]
Il mio posto è occupato.	**ulësja ime është zënë.** [úləsja ímɛ ə́ʃtə zə́nə]
I nostri posti sono occupati.	**ulëset tona janë zënë.** [úləsɛt tóna jánə zə́nə]

Mi scusi, ma questo è il mio posto.	**Më falni por kjo është ulësja ime.** [mə fálni por kjo ə́ʃtə úləsja ímɛ]
E' occupato?	**A është e zënë kjo ulëse?** [a ə́ʃtə ɛ zə́nə kjo úləsɛ?]
Posso sedermi qui?	**Mund të ulem këtu?** [mund tə úlɛm kətú?]

Sul treno - Dialogo (Senza il biglietto)

Biglietto per favore.	**Biletën, ju lutem.** [bilétən], [ju lútɛm]
Non ho il biglietto.	**Nuk kam biletë.** [nuk kam bilétə]
Ho perso il biglietto.	**Humba biletën.** [húmba bilétən]
Ho dimenticato il biglietto a casa.	**E harrova biletën në shtëpi.** [ɛ haróva bilétən nə ʃtəpí]

Può acquistare il biglietto da me.	**Mund të blini biletën tek unë.** [mund tə blíni bilétən tɛk únə]
Deve anche pagare una multa.	**Duhet gjithashtu të paguani gjobë.** [dúhɛt ɟiθaʃtú tə pagúani ɟóbə]
Va bene.	**Në rregull.** [nə réguɫ]
Dove va?	**Ku po shkoni?** [ku po ʃkóni?]
Vado a ...	**Po shkoj në ...** [po ʃkoj nə ...]

Quanto? Non capisco.	**Sa kushton? Nuk kuptoj.** [sa kuʃtón? nuk kuptój]
Può scriverlo per favore.	**Shkruajeni, ju lutem.** [ʃkrúajɛni], [ju lútɛm]
D'accordo. Posso pagare con la carta di credito?	**Në rregull. Mund të paguaj me kartelë krediti?** [nə réguɫ. mund tə pagúaj mɛ kartélə krɛdíti?]
Si.	**Po, mundeni.** [po], [múndɛni]

Ecco la sua ricevuta.	**Urdhëroni faturën.** [urðərúιιi fatúrənj
Mi dispiace per la multa.	**Më vjen keq për gjobën.** [mə vjɛn kɛc pər ɟóbən]
Va bene così. È stata colpa mia.	**S'ka gjë. ishte gabimi im.** [s'ka ɟə. íʃtɛ gabími im]
Buon viaggio.	**Rrugë të mbarë.** [rúgə tə mbárə]

Taxi

taxi	**taksi** [táksi]
tassista	**shofer taksie** [ʃofér taksíɛ]
prendere un taxi	**të kap taksi** [tə kap táksi]
posteggio taxi	**stacion për taksi** [statsión pər táksi]
Dove posso prendere un taxi?	**Ku mund të gjej një taksi?** [ku mund tə ɟɛj ɲə táksi?]

chiamare un taxi	**thërras një taksi** [θərás ɲə táksi]
Ho bisogno di un taxi.	**Më nevojitet taksi.** [mə nɛvojítɛt táksi]
Adesso.	**Tani.** [taní]
Qual'è il suo indirizzo?	**Cila është adresa juaj?** [tsíla əʃtə adrésa júaj?]
Il mio indirizzo è ...	**Adresa ime është ...** [adrésa imɛ əʃtə ...]
La sua destinazione?	**Destinacioni juaj?** [dɛstinatsióni júaj?]
Mi scusi, ...	**Më falni, ...** [mə fálni, ...]
E' libero?	**Jeni i lirë?** [jéni i lírə?]
Quanto costa andare a ...?	**Sa kushton deri në ...?** [sa kuʃtón déri nə ...?]
Sapete dove si trova?	**E dini ku ndodhet?** [ɛ díni ku ndóðɛt?]

All'aeroporto, per favore.	**Në aeroport, ju lutem.** [nə aɛropórt], [ju lútɛm]
Si fermi qui, per favore.	**Ju lutem, ndaloni këtu.** [ju lútɛm], [ndalóni kətú]
Non è qui.	**Nuk është këtu.** [nuk əʃtə kətú]
È l'indirizzo sbagliato.	**Kjo është adresë e gabuar.** [kjo əʃtə adrésə ɛ gabúar]
Giri a sinistra.	**Kthehuni majtas.** [kθéhuni májtas]
Giri a destra.	**Kthehuni djathtas.** [kθéhuni djáθtas]

Quanto le devo?

Potrei avere una ricevuta, per favore.

Tenga il resto.

Sa ju detyrohem?
[sa ju dɛtyróhɛm?]

Ju lutem, më jepni një faturë.
[ju lútɛm], [mə jépni ɲə fatúrə]

Mbajeni kusurin.
[mbájɛni kusúrin]

Può aspettarmi, per favore?

cinque minuti

dieci minuti

quindici minuti

venti minuti

mezzora

Mund të më prisni, ju lutem?
[mund tə mə prísni], [ju lútɛm?]

pesë minuta
[pésə minúta]

dhjetë minuta
[ðjétə minúta]

pesëmbëdhjetë minuta
[pɛsəmbəðjétə minúta]

njëzet minuta
[ɲəzét minúta]

gjysmë ore
[ɉýsmə órɛ]

Hotel

Salve.	**Përshëndetje.** [pərʃəndétjɛ]
Mi chiamo …	**Më quajnë …** [mə cúajnə …]
Ho prenotato una camera.	**Kam një rezervim.** [kam ɲə rɛzɛrvím]

Ho bisogno di …	**Më nevojitet …** [mə nɛvojítɛt …]
una camera singola	**dhomë teke** [ðómə tékɛ]
una camera doppia	**dhomë dyshe** [ðómə dýʃɛ]
Quanto costa questo?	**Sa kushton?** [sa kuʃtón?]
È un po' caro.	**Është pak shtrenjtë.** [ə́ʃtə pak ʃtréɲtə]

Avete qualcos'altro?	**Keni ndonjë gjë tjetër?** [kéni ndóɲə ɟə tjétər?]
La prendo.	**Do ta marr.** [do ta mar]
Pago in contanti.	**Do paguaj me para në dorë.** [do pagúaj mɛ pará nə dórə]

Ho un problema.	**Kam një problem.** [kam ɲə problém]
Il mio … è rotto.	**Më është prishur …** [mə ə́ʃtə príʃur …]
Il mio … è fuori servizio.	**Nuk funksionon …** [nuk funksionón …]
televisore	**televizor** [tɛlɛvizór]
condizionatore	**kondicioner** [konditsionér]
rubinetto	**çezma** [tʃézma]

doccia	**dushi** [duʃi]
lavandino	**lavamani** [lavamáni]
cassaforte	**kasaforta** [kasafórta]

serratura	**brava e derës** [bráva ɛ dérəs]
presa elettrica	**paneli elektrik** [panéli ɛlɛktrík]
asciugacapelli	**tharësja e flokëve** [θárəsja ɛ flókəvɛ]

Non ho …	**Nuk kam …** [nuk kam …]
l'acqua	**ujë** [újə]
la luce	**drita** [dríta]
l'elettricità	**korrent** [korént]

Può darmi …?	**Mund të më jepni …?** [mund tə mə jépni …?]
un asciugamano	**një peshqir** [ɲə pɛʃcír]
una coperta	**një çarçaf** [ɲə tʃartʃáf]
delle pantofole	**shapka** [ʃápka]
un accappatoio	**penuar** [pɛnuárʲ]
dello shampoo	**shampo** [ʃampó]
del sapone	**sapun** [sapún]

Vorrei cambiare la camera.	**Dua të ndryshoj dhomën.** [dúa tə ndrʲʃój ðómən]
Non trovo la chiave.	**Nuk po gjej çelësin.** [nuk po ɟɛj tʃéləsin]
Potrebbe aprire la mia camera, per favore?	**Mund të më hapni derën, ju lutem?** [mund tə mə hápni dérən], [ju lútɛm?]
Chi è?	**Kush është?** [kuʃ éʃtə?]
Avanti!	**Hyni!** [hýni!]
Un attimo!	**Një minutë!** [ɲə minútə!]
Non adesso, per favore.	**Jo tani, ju lutem.** [jo taní], [ju lútɛm]

Può venire nella mia camera, per favore.	**Ju lutem, ejani në dhomë.** [ju lútɛm], [éjani nə ðómə]
Vorrei ordinare qualcosa da mangiare.	**Dua të porosisja ushqim.** [dúa tə porosísja uʃcím]
Il mio numero di camera è …	**Numri i dhomës është …** [númri i ðóməs éʃtə …]

Parto ...	**Po largohem ...** [po largóhɛm ...]
Partiamo ...	**Po largohemi ...** [po largóhɛmi ...]
adesso	**tani** [taní]
questo pomeriggio	**këtë pasdite** [kǝ́tǝ pasdítɛ]
stasera	**sonte** [sóntɛ]
domani	**nesër** [nésǝr]
domani mattina	**nesër në mëngjes** [nésǝr nǝ mǝnɟés]
domani sera	**nesër në mbrëmje** [nésǝr nǝ mbrǝ́mjɛ]
dopodomani	**pasnesër** [pasnésǝr]

Vorrei pagare.	**Dua të paguaj.** [dúa tǝ pagúaj]
È stato tutto magnifico.	**Gjithçka ishte e mrekullueshme.** [ɟiθtʃká íʃtɛ ɛ mrɛkuɫúɛʃmɛ]
Dove posso prendere un taxi?	**Ku mund të gjej një taksi?** [ku mund tǝ ɟɛj ɲǝ táksi?]
Potrebbe chiamarmi un taxi, per favore?	**Mund të më thërrisni një taksi, ju lutem?** [mund tǝ mǝ θǝrísni ɲǝ táksi], [ju lútɛm?]

Al Ristorante

Posso vedere il menù, per favore?	**Mund të shoh menynë, ju lutem?** [mund tə ʃoh mɛnýnə], [ju lútɛm?]
Un tavolo per una persona.	**Tavolinë për një person.** [tavolínə pər ɲə pɛrsón]
Siamo in due (tre, quattro).	**Jemi dy (tre, katër) vetë.** [jémi dy (trɛ], [kátər] vétə]

Fumatori	**Lejohet duhani** [lɛjóhɛt duháni]
Non fumatori	**Ndalohet duhani** [ndalóhɛt duháni]
Mi scusi!	**Më falni!** [mə fálni!]
il menù	**menyja** [mɛnýja]
la lista dei vini	**menyja e verave** [mɛnýja ɛ véravɛ]
Posso avere il menù, per favore.	**Menynë, ju lutem.** [mɛnýnə], [ju lútɛm]

È pronto per ordinare?	**Jeni gati për të dhënë porosinë?** [jéni gáti pər tə ðénə porosínə?]
Cosa gradisce?	**Çfarë do të merrni?** [tʃfárə do tə mérni?]
Prendo …	**Do të marr …** [do tə mar …]

Sono vegetariano.	**Jam vegjetarian /vegjetariane/.** [jam vɛɟɛtarián /vɛɟɛtariánɛ/]
carne	**mish** [miʃ]
pesce	**peshk** [pɛʃk]
verdure	**perime** [pɛrímɛ]
Avete dei piatti vegetariani?	**Keni gatime për vegjetarianë?** [kéni gatímɛ pər vɛɟɛtariánə?]
Non mangio carne di maiale.	**Nuk ha mish derri.** [nuk ha miʃ déri]
Lui /lei/ non mangia la carne.	**Ai /Ajo/ nuk ha mish.** [aí /ajó/ nuk ha miʃ]
Sono allergico a …	**Kam alergji nga …** [kam alɛɟí ŋa …]

Potrebbe portarmi ...

Mund të më sillni ...
[mund tə mə sɫni ...]

del sale | del pepe | dello zucchero

kripë | piper | sheqer
[krípə | pipér | ʃecér]

un caffè | un tè | un dolce

kafe | çaj | ëmbëlsirë
[káfɛ | tʃaj | əmbəlsírə]

dell'acqua | frizzante | naturale

ujë | me gaz | pa gaz
[újə | mɛ gaz | pa gaz]

un cucchiaio | una forchetta | un coltello

një lugë | pirun | thikë
[ɲə lúgə | pirún | θíkə]

un piatto | un tovagliolo

një pjatë | pecetë
[ɲə pjátə | pɛtsétə]

Buon appetito!

Ju bëftë mirë!
[ju béftə mírə!]

Un altro, per favore.

Dhe një tjetër, ju lutem.
[ðɛ ɲə tjétər], [ju lútɛm]

È stato squisito.

ishte shumë e shijshme.
[íʃtɛ ʃúmə ɛ ʃíjʃmɛ]

---

il conto | il resto | la mancia

llogari | kusur | bakshish
[ɫogarí | kusúr | bakʃíʃ]

Il conto, per favore.

Llogarinë, ju lutem.
[ɫogarínə], [ju lútɛm]

Posso pagare con la carta di credito?

Mund të paguaj me kartelë krediti?
[mund tə pagúaj mɛ kartélə krɛdíti?]

Mi scusi, c'è un errore.

Më falni por ka një gabim këtu.
[mə fálni por ka ɲə gabím kətú]

Shopping

Posso aiutarla?	**Mund t'ju ndihmoj?** [mund t'ju ndihmój?]
Avete ...?	**Keni ...?** [kéni ...?]
Sto cercando ...	**Kërkoj ...** [kərkój ...]
Ho bisogno di ...	**Më nevojitet ...** [mə nɛvojítɛt ...]

Sto guardando.	**Thjesht po shoh.** [θjɛʃt po ʃoh]
Stiamo guardando.	**Thjesht po shohim.** [θjɛʃt po ʃóhim]
Ripasserò più tardi.	**Do vij më vonë.** [do víj mə vónə]
Ripasseremo più tardi.	**Do vijmë më vonë.** [do víjmə mə vónə]
sconti | saldi	**ulje çmimesh | ulje** [úljɛ tʃmímɛʃ | úljɛ]

Per favore, mi può far vedere ...?	**Ju lutem mund të më tregoni ...** [ju lútɛm mund tə mə trɛgóni ...]
Per favore, potrebbe darmi ...	**Ju lutem mund të më jepni ...** [ju lútɛm mund tə mə jépni ...]
Posso provarlo?	**Mund ta provoj?** [mund ta provój?]
Mi scusi, dov'è il camerino?	**Më falni, ku është dhoma e provës?** [mə fálni], [ku əʃtə ðóma ɛ próvəs?]
Che colore desidera?	**Çfarë ngjyre e doni?** [tʃfárə nɟýrɛ ɛ dóni?]
taglia | lunghezza	**numri | gjatësia** [númri | ɟatəsía]
Come le sta?	**Si ju rri?** [si ju rí?]

Quanto costa questo?	**Sa kushton?** [sa kuʃtón?]
È troppo caro.	**Është shumë shtrenjtë.** [əʃtə ʃúmə ʃtréɲtə]
Lo prendo.	**Do ta marr.** [do ta mar]
Mi scusi, dov'è la cassa?	**Më falni, ku duhet të paguaj?** [mə fálni], [ku dúhɛt tə pagúaj?]

Paga in contanti o con carta di credito?	**Do paguani me para në dorë apo kartelë krediti?** [do pagúani mɛ pará nə dórə apo kartélə krɛdíti?]
In contanti | con carta di credito	**Me para në dorë | me kartelë krediti** [mɛ pará nə dórə | mɛ kartélə krɛdíti]

Vuole lo scontrino?	**Dëshironi faturën?** [dəʃiróni fatúrən?]
Si, grazie.	**Po faleminderit.** [po falɛmindérit]
No, va bene così.	**Jo, s'ka problem.** [jo], [s'ka problém]
Grazie. Buona giornata!	**Faleminderit. Ditë të mbarë!** [falɛmindérit. dítə tə mbárə!]

In città

Mi scusi, per favore …	**Më falni, ju lutem.** [mə fálni], [ju lútɛm]
Sto cercando …	**Kërkoj …** [kərkój …]
la metropolitana	**metronë** [mɛtrónə]
il mio albergo	**hotelin** [hotélin]
il cinema	**kinemanë** [kinɛmánə]
il posteggio taxi	**një stacion për taksi** [ɲə statsión pər táksi]

un bancomat	**një bankomat** [ɲə bankomát]
un ufficio dei cambi	**një zyrë shkëmbimi parash** [ɲə zýrə ʃkəmbími paráʃ]
un internet café	**një internet kafe** [ɲə intɛrnét káfɛ]
via …	**rrugën …** [rúgən …]
questo posto	**këtë vend** [kétə vɛnd]

Sa dove si trova …?	**Dini ku ndodhet …?** [díni ku ndóðɛt …?]
Come si chiama questa via?	**Cila rrugë është kjo?** [tsíla rúgə éʃtə kjó?]
Può mostrarmi dove ci troviamo?	**Më tregoni ku ndodhemi tani.** [mə trɛgóni ku ndóðɛmi taní]
Posso andarci a piedi?	**Mund të shkoj me këmbë deri atje?** [mund tə ʃkoj mɛ kémbə déri atjé?]
Avete la piantina della città?	**Keni hartë të qytetit?** [kéni hártə tə cytétit?]

Quanto costa un biglietto?	**Sa kushton një biletë hyrje?** [sa kuʃtón ɲə bilétə hýrjɛ?]
Si può fotografare?	**Mund të bëj fotografi këtu?** [mund tə bəj fotografí kətú?]
E' aperto?	**Joni të hapur?** [jéni tə hápur?]

Quando aprite?

Kur hapeni?
[kur hápɛni?]

Quando chiudete?

Kur mbylleni?
[kur mbýłɛni?]

Soldi

Soldi	**para** [pará]
contanti	**para në dorë** [pará nə dórə]
banconote	**kartëmonedha** [kartəmonéða]
monete	**kusur** [kusúr]
conto | resto | mancia	**llogari | kusur | bakshish** [łogarí | kusúr | bakʃíʃ]

carta di credito	**kartelë krediti** [kartélə krɛdíti]
portafoglio	**portofol** [portofól]
comprare	**të blej** [tə blɛj]
pagare	**të paguaj** [tə pagúaj]
multa	**gjobë** [ɟóbə]
gratuito	**falas** [fálas]

Dove posso comprare ...?	**Ku mund të blej ...?** [ku mund tə bléj ...?]
La banca è aperta adesso?	**Është banka e hapur tani?** [əʃtə bánka ɛ hápur taní?]
Quando apre?	**Kur hapet?** [kur hápɛt?]
Quando chiude?	**Kur mbyllet?** [kur mbýłɛt?]

Quanto costa?	**Sa kushton?** [sa kuʃtón?]
Quanto costa questo?	**Sa kushton kjo?** [sa kuʃtón kjo?]
È troppo caro.	**Është shumë shtrenjtë.** [əʃtə ʃúmə ʃtréɲtə]

Scusi, dov'è la cassa?	**Më falni, ku duhet të paguaj?** [mə fálni], [ku dúhɛt tə pagúaj?]
Il conto, per favore.	**Llogarinë, ju lutem.** [łogarínə], [ju lútɛm]

Posso pagare con la carta di credito?	**Mund të paguaj me kartelë krediti?** [mund tə pagúaj mɛ kartélə krɛdíti?]
C'è un bancomat?	**Ka ndonjë bankomat këtu?** [ka ndóɲə bankomát kətú?]
Sto cercando un bancomat.	**Kërkoj një bankomat.** [kərkój ɲə bankomát]

Sto cercando un ufficio dei cambi.	**Kërkoj një zyrë të këmbimit valutor.** [kərkój ɲə zýrə tə kəmbímit valutór]
Vorrei cambiare ...	**Dua të këmbej ...** [dúa tə kəmbéj ...]
Quanto è il tasso di cambio?	**Sa është kursi i këmbimit?** [sa ə́ʃtə kúrsi i kəmbímit?]
Ha bisogno del mio passaporto?	**Ju duhet pasaporta ime?** [ju dúhɛt pasapórta ímɛ?]

Le ore

Che ore sono?	**Sa është ora?** [sa éʃtə óra?]
Quando?	**Kur?** [kur?]
A che ora?	**Në çfarë ore?** [nə tʃfárə órɛ?]
adesso | più tardi | dopo …	**tani | më vonë | pas …** [taní | mə vónə | pas …]
l'una	**ora një** [óra ɲə]
l'una e un quarto	**një e çerek** [ɲə ɛ tʃɛrék]
l'una e trenta	**një e tridhjetë** [ɲə ɛ triðjétə]
l'una e quarantacinque	**një e dyzet e pesë** [ɲə ɛ dyzét ɛ pésə]
uno | due | tre	**një | dy | tre** [ɲə | dy | trɛ]
quattro | cinque | sei	**katër | pesë | gjashtë** [kátər | pésə | ɟáʃtə]
sette | otto | nove	**shtatë | tetë | nëntë** [ʃtátə | tétə | nə́ntə]
dieci | undici | dodici	**dhjetë | njëmbëdhjetë | dymbëdhjetë** [ðjétə | ɲəmbəðjétə | dymbəðjétə]
fra …	**për …** [pər …]
cinque minuti	**pesë minuta** [pésə minúta]
dieci minuti	**dhjetë minuta** [ðjétə minúta]
quindici minuti	**pesëmbëdhjetë minuta** [pɛsəmbəðjétə minúta]
venti minuti	**njëzet minuta** [ɲəzét minúta]
mezzora	**gjysmë ore** [ɟýsmə órɛ]
un'ora	**një orë** [ɲə órə]

43

la mattina	**në mëngjes** [nə mənʝés]
la mattina presto	**në mëngjes herët** [nə mənʝés hérət]
questa mattina	**sot në mëngjes** [sot nə mənʝés]
domani mattina	**nesër në mëngjes** [nésər nə mənʝés]
all'ora di pranzo	**në mesditë** [nə mɛsdítə]
nel pomeriggio	**në pasdite** [nə pasdítɛ]
la sera	**në mbrëmje** [nə mbrémjɛ]
stasera	**sonte** [sóntɛ]
la notte	**natën** [nátən]
ieri	**dje** [djé]
oggi	**sot** [sot]
domani	**nesër** [nésər]
dopodomani	**pasnesër** [pasnésər]
Che giorno è oggi?	**Çfarë dite është sot?** [ʧfárə dítɛ éʃtə sot?]
Oggi è ...	**Është ...** [éʃtə ...]
lunedì	**E hënë** [ɛ hénə]
martedì	**E martë** [ɛ mártə]
mercoledì	**E mërkurë** [ɛ mərkúrə]
giovedì	**E enjte** [ɛ éɲtɛ]
venerdì	**E premte** [ɛ prémtɛ]
sabato	**E shtunë** [ɛ ʃtúnə]
domenica	**E diel** [ɛ díɛl]

Saluti - Presentazione

Salve.

Përshëndetje.
[pərʃəndétjɛ]

Lieto di conoscerla.

Kënaqësi që u njohëm.
[kənacəsí cə u ɲóhəm]

Il piacere è mio.

Gjithashtu.
[ɟiθaʃtú]

Vi presento ...

Ju prezantoj me ...
[ju prɛzantój mɛ ...]

Molto piacere.

Gëzohem që u njohëm.
[gəzóhɛm cə u ɲóhəm]

Come sta?

Si jeni?
[si jéni?]

Mi chiamo ...

Më quajnë ...
[mə cúajnə ...]

Si chiama ... (m)

Ai quhet ...
[ai cúhɛt ...]

Si chiama ... (f)

Ajo quhet ...
[ajó cúhɛt ...]

Come si chiama?

Si quheni?
[si cúhɛni?]

Come si chiama lui?

Si e quajnë?
[si ɛ cúajnə?]

Come si chiama lei?

Si e quajnë?
[si ɛ cúajnə?]

Qual'è il suo cognome?

Si e keni mbiemrin?
[si ɛ kéni mbiémrin?]

Può chiamarmi ...

Mund të më thërrisni ...
[mund tə mə θərísni ...]

Da dove viene?

Nga jeni?
[ŋa jéni?]

Vengo da ...

Jam nga ...
[jam ŋa ...]

Che lavoro fa?

Me çfarë merreni?
[mɛ tʃfárə mérɛni?]

Chi è?

Kush është ky?
[kuʃ éʃtə ky?]

Chi è lui?

Kush është ai?
[kuʃ éʃtə ál?]

Chi è lei?

Kush është ajo?
[kuʃ əʃtə ajó?]

Chi sono loro?

Kush janë ata?
[kuʃ jánə atá?]

Questo è ...	**Ky /Kjo/ është ...**
	[ky /kjo/ éʃtə ...]
il mio amico	**shoku im**
	[ʃóku im]
la mia amica	**shoqja ime**
	[ʃócja ímɛ]
mio marito	**bashkëshorti im**
	[baʃkəʃórti im]
mia moglie	**bashkëshortja ime**
	[baʃkəʃórtja imɛ]

mio padre	**babai im**
	[babái im]
mia madre	**nëna ime**
	[nэ́na ímɛ]
mio fratello	**vëllai im**
	[vэɫái im]
mia sorella	**motra ime**
	[mótra ímɛ]
mio figlio	**djali im**
	[djáli im]
mia figlia	**vajza ime**
	[vájza ímɛ]

Questo è nostro figlio.	**Ky është djali ynë.**
	[ky éʃtə djáli ýnə]
Questa è nostra figlia.	**Kjo është vajza jonë.**
	[kjo éʃtə vájza jónə]
Questi sono i miei figli.	**Këta janë fëmijët e mi.**
	[kətá jánə fəmíjət ɛ mi]
Questi sono i nostri figli.	**Këta janë fëmijët tanë.**
	[kətá jánə fəmíjət tánə]

Saluti di commiato

Arrivederci!	**Mirupafshim!**
	[mirupáfʃim!]
Ciao!	**Pafshim!**
	[páfʃim!]
A domani.	**Shihemi nesër.**
	[ʃíhɛmi nésər]
A presto.	**Shihemi së shpejti.**
	[ʃíhɛmi sə ʃpéjti]
Ci vediamo alle sette.	**Shihemi në orën shtatë.**
	[ʃíhɛmi nə órən ʃtátə]

Divertitevi!	**ia kalofshi mirë!**
	[ía kalófʃi mírə!]
Ci sentiamo più tardi.	**Flasim më vonë.**
	[flásim mə vónə]
Buon fine settimana.	**Fundjavë të këndshme.**
	[fundjávə tə kǝndʃmɛ]
Buona notte	**Natën e mirë.**
	[nátən ɛ mírə]

Adesso devo andare.	**erdhi koha të ik.**
	[érði kóha tə ik]
Devo andare.	**Duhet të ik.**
	[dúhɛt tə ik]
Torno subito.	**Kthehem menjëherë.**
	[kθéhɛm mɛɲəhérə]

È tardi.	**Është vonë.**
	[éʃtə vónə]
Domani devo alzarmi presto.	**Duhet të ngrihem herët.**
	[dúhɛt tə ŋríhɛm hérət]
Parto domani.	**Do ik nesër.**
	[do ık nésər]
Partiamo domani.	**Do ikim nesër.**
	[do íkim nésər]

Buon viaggio!	**Udhëtim të mbarë!**
	[uðətím tə mbárə!]
È stato un piacere conoscerla.	**ishte kënaqësi.**
	[íʃtɛ kənacəsí]
È stato un piacere parlare con lei.	**ishte kënaqësi që folëm.**
	[íʃtɛ kənacəsí cə fóləm]
Grazie di tutto.	**Faleminderit për gjithçka.**
	[falɛmindérit pər ɟíθtʃka]

Mi sono divertito.	**ia kalova shumë mirë.** [ía kalóva ʃúmə mírə]
Ci siamo divertiti.	**ia kaluam shumë mirë.** [ía kalúam ʃúmə mírə]
È stato straordinario.	**ishte vërtet fantastike.** [íʃtɛ vərtét fantastíkɛ]
Mi mancherà.	**Do më marrë malli.** [do mə márə máłi]
Ci mancherà.	**Do na marrë malli.** [do na márə máłi]

Buona fortuna!	**Suksese!** [suksésɛ!]
Mi saluti …	**I bën të fala …** [i bən tə fála …]

Lingua straniera

Non capisco.	**Nuk kuptoj.** [nuk kuptój]
Può scriverlo, per favore.	**Shkruajeni, ju lutem.** [ʃkrúajɛni], [ju lútɛm]
Parla ...?	**Flisni ...?** [flísni ...?]

Parlo un po' ...	**Flas pak ...** [flás pak ...]
inglese	**Anglisht** [aŋlíʃt]
turco	**Turqisht** [turcíʃt]
arabo	**Arabisht** [arabíʃt]
francese	**Frëngjisht** [frənɟíʃt]

tedesco	**Gjermanisht** [ɟɛrmaníʃt]
italiano	**Italisht** [italíʃt]
spagnolo	**Spanjisht** [spaɲíʃt]
portoghese	**Portugalisht** [portugalíʃt]
cinese	**Kinezisht** [kinɛzíʃt]
giapponese	**Japonisht** [japoníʃt]

Può ripetere, per favore.	**Mund ta përsërisni, ju lutem.** [munð ta pərsərisni], [ju lútɛm]
Capisco.	**Kuptoj.** [kuptój]
Non capisco.	**Nuk kuptoj.** [nuk kuptój]
Può parlare più piano, per favore.	**Ju lutem, flisni më ngadalë.** [ju lútɛm], [flísni mə ŋadálə]

È corretto?	**E saktë?** [ɛ sáktə?]
Cos'è questo? (Cosa significa?)	**Çfarë është kjo?** [tʃfárə əʃtə kjó?]

Chiedere scusa

Mi scusi, per favore.	**Më falni.** [mə fálni]
Mi dispiace.	**Më vjen keq.** [mə vjɛn kɛc]
Mi dispiace molto.	**Më vjen shumë keq.** [mə vjɛn ʃúmə kɛc]
Mi dispiace, è colpa mia.	**Më fal, është faji im.** [mə fal], [ə́ʃtə fájí im]
È stato un mio errore.	**Gabimi im.** [gabími im]

Posso ...?	**Mund të ...?** [mund tə ...?]
Le dispiace se ...?	**Ju vjen keq nëse ...?** [ju vjɛn kɛc nésɛ ...?]
Non fa niente.	**Është në rregull.** [ə́ʃtə nə réguɫ]
Tutto bene.	**Është në rregull.** [ə́ʃtə nə réguɫ]
Non si preoccupi.	**Mos u shqetësoni.** [mos u ʃcɛtəsóni]

Essere d'accordo

Sì.	**Po.** [po]
Sì, certo.	**Po, sigurisht.** [po], [siguríʃt]
Bene.	**Në rregull.** [nə réguɫ]
Molto bene.	**Shumë mirë.** [ʃúmə mírə]
Certamente!	**Sigurisht!** [siguríʃt!]
Sono d'accordo.	**Jam dakord.** [jam dakórd]

Esatto.	**E saktë.** [ɛ sáktə]
Giusto.	**E drejtë.** [ɛ dréjtə]
Ha ragione.	**Keni të drejtë.** [kéni tə dréjtə]
È lo stesso.	**S'e kam problem.** [s'ɛ kam problém]
È assolutamente corretto.	**Absolutisht e drejtë.** [absolutíʃt ɛ dréjtə]

È possibile.	**Është e mundur.** [əʃtə ɛ múndur]
È una buona idea.	**Ide e mirë.** [idé ɛ mírə]
Non posso dire di no.	**Nuk them dot jo.** [nuk θɛm dot jo]
Ne sarei lieto /lieta/.	**Është kënaqësi.** [əʃtə kənacəsí]
Con piacere.	**Me kënaqësi.** [mɛ kənacəsí]

Diniego. Esprimere incertezza

No.	**Jo.** [jo]
Sicuramente no.	**Sigurisht që jo.** [siguríʃt cə jo]
Non sono d'accordo.	**Nuk jam dakord.** [nuk jam dakórd]
Non penso.	**Nuk ma ha mendja.** [nuk ma ha méndja]
Non è vero.	**Nuk është e vërtetë.** [nuk éʃtə ɛ vərtétə]
Si sbaglia.	**E keni gabim.** [ɛ kéni gabím]
Penso che lei si stia sbagliando.	**Më duket se e keni gabim.** [mə dúkɛt sɛ ɛ kéni gabím]
Non sono sicuro.	**Nuk jam i sigurt.** [nuk jam i sígurt]
È impossibile.	**Është e pamundur.** [éʃtə ɛ pámundur]
Assolutamente no!	**Asgjë e këtij lloji!** [asɟə ɛ kətíj ʈóji!]
Esattamente il contrario!	**Krejt e kundërta.** [kréjt ɛ kúndərta]
Sono contro.	**Jam kundër.** [jam kúndər]
Non m'interessa.	**Nuk më intereson.** [nuk mə intɛrɛsón]
Non ne ho idea.	**Nuk e kam idenë.** [nuk ɛ kam idénə]
Dubito che sia così.	**Dyshoj.** [dyʃój]
Mi dispiace, non posso.	**Më falni, nuk mundem.** [mə fálni], [nuk múndɛm]
Mi dispiace, non voglio.	**Më vjen keq, nuk dua.** [mə vjɛn kɛc], [nuk dúa]
Non ne ho bisogno, grazie.	**Faleminderit, por s'kam nevojë për këtë.** [falɛmindérit], [por s'kam nɛvójə pər kətə́]

È già tardi.

Po shkon vonë.
[po ʃkon vónə]

Devo alzarmi presto.

Duhet të ngrihem herët.
[dúhɛt tə ŋríhɛm hérət]

Non mi sento bene.

Nuk ndihem mirë.
[nuk ndíhɛm mírə]

Esprimere gratitudine

Grazie.	**Faleminderit.** [falɛmindérit]
Grazie mille.	**Faleminderit shumë.** [falɛmindérit ʃúmə]
Le sono riconoscente.	**E vlerësoj shumë.** [ɛ vlɛrəsój ʃúmə]
Le sono davvero grato.	**Ju jam shumë mirënjohës.** [ju jam ʃúmə mirəɲóhəs]
Le siamo davvero grati.	**Ju jemi shumë mirënjohës.** [ju jémi ʃúmə mirəɲóhəs]

Grazie per la sua disponibilità.	**Faleminderit për kohën që më kushtuat.** [falɛmindérit pər kóhən cə mə kuʃtúat]
Grazie di tutto.	**Faleminderit për gjithçka.** [falɛmindérit pər ɟíθtʃka]
Grazie per ...	**Faleminderit për ...** [falɛmindérit pər ...]
il suo aiuto	**ndihmën tuaj** [ndíhmən túaj]
il bellissimo tempo	**kohën e këndshme** [kóhən ɛ kəndʃmɛ]

il delizioso pranzo	**një vakt i mrekullueshëm** [ɲə vakt i mrɛkuɫúɛʃəm]
la bella serata	**një mbrëmje e këndshme** [ɲə mbrəmjɛ ɛ kəndʃmɛ]
la bella giornata	**një ditë e mrekullueshme** [ɲə dítə ɛ mrɛkuɫúɛʃmɛ]
la splendida gita	**një udhëtim i mahnitshëm** [ɲə uðətím i mahnítʃəm]

Non c'è di che.	**Mos u shqetësoni fare.** [mos u ʃcɛtəsóni fárɛ]
Prego.	**Ju lutem.** [ju lútɛm]
Con piacere.	**Në çdo kohë.** [nə tʃdo kóhə]
È stato un piacere.	**Kënaqësia ime.** [kənacəsía ímɛ]

Non ci pensi neanche.

Harroje.
[harójɛ]

Non si preoccupi.

Mos u shqetësoni.
[mos u ʃcɛtəsóni]

Congratulazioni. Auguri

Congratulazioni!	Urime! [urímɛ!]
Buon compleanno!	Gëzuar ditëlindjen! [gəzúar ditəlíndjɛn!]
Buon Natale!	Gëzuar Krishtlindjet! [gəzúar kriʃtlíndjɛt!]
Felice Anno Nuovo!	Gëzuar Vitin e Ri! [gəzúar vítin ɛ ri!]

| Buona Pasqua! | Gëzuar Pashkët!
[gəzúar páʃkət!] |
| Felice Hanukkah! | Gëzuar Hanukkah!
[gəzúar hanúkkah!] |

Vorrei fare un brindisi.	Dua të ngre një dolli. [dúa tə ŋré ɲə dotí]
Salute!	Gëzuar! [gəzúar!]
Beviamo a ...!	Le të pijmë në shëndetin e ...! [lɛ tə píjmə nə ʃəndétin ɛ ...!]
Al nostro successo!	Për suksesin tonë! [pər suksésin tónə!]
Al suo successo!	Për suksesin tuaj! [pər suksésin túajf!]

Buona fortuna!	Suksese! [suksésɛ!]
Buona giornata!	Uroj një ditë të mbarë! [urój ɲə dítə tə mbárə!]
Buone vacanze!	Uroj pushime të këndshme! [urój puʃímɛ tə kéndʃmɛ!]
Buon viaggio!	Udhëtim të mbarë! [uðətím tə mbárə!]
Spero guarisca presto!	Ju dëshiroj shërim të shpejtë! [ju dəʃirój ʃərím tə ʃpéjtə!]

Socializzare

Perchè è triste?	Pse jeni i /e/ mërzitur? [psɛ jéni i /ɛ/ mərzítur?]
Sorrida!	Buzëqeshni! Gëzohuni! [buzəcéʃni! gəzóhuni!]
È libero stasera?	Je i /e/ lirë sonte? [jɛ i /ɛ/ lírə sóntɛ?]

Posso offrirle qualcosa da bere?	Mund t'ju ofroj një pije? [mund t'ju ofrój ɲə píjɛ?]
Vuole ballare?	Doni të kërcejmë? [dóni tə kərtséjmə?]
Andiamo al cinema.	Shkojmë në kinema. [ʃkójmə nə kinɛmá]

Posso invitarla ...?	Mund t'ju ftoj ...? [mund t'ju ftoj ...?]
al ristorante	në restorant [nə rɛstoránt]
al cinema	në kinema [nə kinɛmá]
a teatro	në teatër [nə tɛátər]
a fare una passeggiata	për një shëtitje [pər ɲə ʃətítjɛ]

A che ora?	Në çfarë ore? [nə tʃfárə órɛ?]
stasera	sonte [sóntɛ]
alle sei	në gjashtë [nə ɟáʃtə]
alle sette	në shtatë [nə ʃtáto]
alle otto	në tetë [nə tétə]
alle nove	në nëntë [nə néntə]

Le piace qui?	Ju pëlqen këtu? [ju pəlcén kətú?]
È qui con qualcuno?	Keni ardhur të shoqëruar? [kéni árður tə ʃocərúar?]
Sono con un amico /una amica/.	Jam me një shok /shoqe/. [jam mɛ ɲə ʃok /ʃócɛ/]

Sono con i miei amici.	**Jam me shoqëri.** [jam mɛ ʃocərí]
No, sono da solo /sola/.	**Jo, jam vetëm.** [jo], [jam vétəm]

Hai il ragazzo?	**Ke të dashur?** [kɛ tə dáʃur?]
Ho il ragazzo.	**Kam të dashur.** [kam tə dáʃur]
Hai la ragazza?	**Ke të dashur?** [kɛ tə dáʃur?]
Ho la ragazza.	**Kam të dashur.** [kam tə dáʃur]

Posso rivederti?	**Mund të takohemi përsëri?** [mund tə takóhɛmi pərsərí?]
Posso chiamarti?	**Mund të të telefonoj?** [mund tə tə tɛlɛfonój?]
Chiamami.	**Më telefono.** [mə tɛlɛfonó]
Qual'è il tuo numero?	**Cili është numri yt?** [tsíli éʃtə númri yt?]
Mi manchi.	**Më mungon.** [mə muŋón]

Ha un bel nome.	**Keni emër të bukur.** [kéni émər tə búkur]
Ti amo.	**Të dua.** [tə dúa]
Mi vuoi sposare?	**Do martohesh me mua?** [do martóhɛʃ mɛ múa?]
Sta scherzando!	**Bëni shaka!** [béni ʃaká!]
Sto scherzando.	**Bëj shaka.** [bəj ʃaká]

Lo dice sul serio?	**E keni seriozisht?** [ɛ kéni sɛriozíʃt?]
Sono serio.	**E kam seriozisht.** [ɛ kam sɛriozíʃt]
Davvero?!	**Vërtet?!** [vərtét?!]
È incredibile!	**E pabesueshme!** [ɛ pabɛsúɛʃmɛ!]
Non le credo.	**S'ju besoj.** [s'ju bɛsój]

Non posso.	**S'mundem.** [s'múndɛm]
No so.	**Nuk e di.** [nuk ɛ di]

Non la capisco.

Per favore, vada via.

Mi lasci in pace!

Nuk ju kuptoj.
[nuk ju kuptój]

Ju lutem largohuni.
[ju lútɛm largóhuni]

Më lini të qetë!
[mə líni tə cétə!]

Non lo sopporto.

Lei è disgustoso!

Chiamo la polizia!

Se duroj dot.
[sɛ durój dot]

Jeni të neveritshëm!
[jéni tə nɛvɛrítʃəm!]

Do thërras policinë!
[do θərás politsínə!]

Comunicare impressioni ed emozioni

Mi piace.	**Më pëlqen.** [mə pəlcén]
Molto carino.	**Shumë bukur** [ʃúmə búkur]
È formidabile!	**Fantastike!** [fantastíkɛ!]
Non è male.	**Nuk është keq.** [nuk ə́ʃtə kɛc]

Non mi piace.	**Nuk më pëlqen.** [nuk mə pəlcén]
Non è buono.	**Nuk është mirë.** [nuk ə́ʃtə mírə]
È cattivo.	**Është keq.** [ə́ʃtə kɛc]
È molto cattivo.	**Është shumë keq.** [ə́ʃtə ʃúmə kɛc]
È disgustoso.	**Është e shpifur.** [ə́ʃtə ɛ ʃpífur]

Sono felice.	**Jam i /e/ lumtur.** [jam i /ɛ/ lúmtur]
Sono contento /contenta/.	**Jam i /e/ kënaqur.** [jam i /ɛ/ kənácur]
Sono innamorato /innamorata/.	**Jam i /e/ dashuruar.** [jam i /ɛ/ daʃurúar]
Sono calmo.	**Jam i /e/ qetë.** [jam i /ɛ/ cétə]
Sono annoiato.	**Jam i /e/ mërzitur.** [jam i /ɛ/ mərzítur]

Sono stanco /stanca/.	**Jam i /e/ lodhur.** [jam i /ɛ/ lóður]
Sono triste.	**Jam i /e/ trishtuar.** [jam i /ɛ/ triʃtúar]
Sono spaventato.	**Jam i /e/ frikësuar.** [jam i /ɛ/ frikəsúar]

Sono arrabbiato /arrabiata/.	**Jam i /e/ zemëruar.** [jam i /ɛ/ zɛmərúar]
Sono preoccupato /preoccupata/.	**Jam i /e/ shqetësuar.** [jam i /ɛ/ ʃcɛtəsúar]
Sono nervoso /nervosa/.	**Jam nervoz /nervoze/.** [jam nɛrvóz /nɛrvózɛ/]

Sono geloso /gelosa/.

Jam xheloz /xheloze/.
[jam dʒɛlóz /dʒɛlózɛ/]

Sono sorpreso /sorpresa/.

Jam i /e/ befasuar.
[jam i /ɛ/ bɛfasúar]

Sono perplesso.

Jam i /e/ hutuar.
[jam i /ɛ/ hutúar]

Problemi. Incidenti

Ho un problema.	**Kam një problem.** [kam ɲə problém]
Abbiamo un problema.	**Kemi një problem.** [kémi ɲə problém]
Sono perso /persa/.	**Kam humbur.** [kam húmbur]
Ho perso l'ultimo autobus (treno).	**Humba autobusin e fundit.** [húmba autobúsin ɛ fúndit]
Non ho più soldi.	**Kam mbetur pa para.** [kam mbétur pa pará]

Ho perso ...	**Humba ...** [húmba ...]
Mi hanno rubato ...	**Dikush më vodhi ...** [dikúʃ mə vóði ...]
il passaporto	**pasaportën** [pasapórtən]
il portafoglio	**portofol** [portofól]
i documenti	**dokumentet** [dokuméntɛt]
il biglietto	**biletën** [bilétən]
i soldi	**para** [pará]
la borsa	**çantën** [ʧántən]
la macchina fotografica	**aparatin fotografik** [aparátin fotografík]
il computer portatile	**laptop** [laptóp]
il tablet	**kompjuterin tabletë** [kompjutérin tablétə]
il telefono cellulare	**celularin** [tsɛlulárin]

Aiuto!	**Ndihmë!** [ndíhmə!]
Che cosa è successo?	**Çfarë ndodhi?** [ʧfárə ndóði?]
fuoco	**zjarr** [zjar]
sparatoria	**të shtëna** [tə ʃténa]

omicidio	**vrasje** [vrásjɛ]
esplosione	**shpërthim** [ʃpərθím]
rissa	**përleshje** [pərléʃɛ]

Chiamate la polizia!	**Thërrisni policinë!** [θərísni politsínə!]
Per favore, faccia presto!	**Ju lutem nxitoni!** [ju lútɛm ndzitóni!]
Sto cercando la stazione di polizia.	**Kërkoj komisariatin e policisë.** [kərkój komisariátin ɛ politsísə]
Devo fare una telefonata.	**Duhet të bëj një telefonatë.** [dúhɛt tə bəj ɲə tɛlɛfonátə]
Posso usare il suo telefono?	**Mund të përdor telefonin tuaj?** [mund tə pərdór tɛlɛfónin túaj?]

Sono stato /stata/ ...	**Më ...** [mə ...]
aggredito /aggredita/	**sulmuan** [sulmúan]
derubato /derubata/	**grabitën** [grabítən]
violentata	**përdhunuan** [pərðunúan]
assalito /assalita/	**rrahën** [ráhən]

Lei sta bene?	**Jeni mirë?** [jéni mírə?]
Ha visto chi è stato?	**E patë kush ishte?** [ɛ pátə kuʃ íʃtɛ?]
È in grado di riconoscere la persona?	**Mund ta identifikoni personin?** [mund ta idɛntifikóni pɛrsónin?]
È sicuro?	**Jeni i /e/ sigurt?** [jéni i /ɛ/ sígurt?]

Per favore, si calmi.	**Ju lutem qetësohuni.** [ju lútɛm cɛtəsóhuni]
Si calmi!	**Merreni me qetësi!** [mérɛni mɛ cɛtəsí!]
Non si preoccupi.	**Mos u shqetësoni!** [mos u ʃcɛtəsóni!]
Andrà tutto bene.	**Çdo gjë do rregullohet.** [tʃdo ɟə do rɛguɫóhɛt]
Va tutto bene.	**Çdo gjë është në rregull.** [tʃdo ɟɔ óʃtə nə rɛɡuɫ]
Venga qui, per favore.	**ejani këtu, ju lutem.** [éjani kətú], [ju lútɛm]
Devo porle qualche domanda.	**Kam disa pyetje për ju.** [kam dísa pýɛtjɛ pər jú]

Aspetti un momento, per favore.	**Prisni pak, ju lutem.** [prísni pak], [ju lútɛm]
Ha un documento d'identità?	**A keni ndonjë dokument identifikimi?** [a kéni ndóɲə dokumént idɛntifikími?]
Grazie. Può andare ora.	**Faleminderit. Mund të largoheni.** [falɛmindérit. mund tə largóhɛni.]
Mani dietro la testa!	**Duart prapa kokës!** [dúart prápa kókəs!]
È in arresto!	**Jeni i /e/ arrestuar!** [jéni i /ɛ/ arɛstúar!]

Problemi di salute

Mi può aiutare, per favore.	**Ju lutem më ndihmoni.** [ju lútɛm mə ndihmóni]
Non mi sento bene.	**Nuk ndihem mirë.** [nuk ndíhɛm mírə]
Mio marito non si sente bene.	**Burri im nuk ndjehet mirë.** [búri im nuk ndjéhɛt mírə]
Mio figlio ...	**Djali im ...** [djáli im ...]
Mio padre ...	**Babai im ...** [babái im ...]
Mia moglie non si sente bene.	**Gruaja ime nuk ndihet mirë.** [grúaja ímɛ nuk ndíhɛt mírə]
Mia figlia ...	**Vajza ime ...** [vájza ímɛ ...]
Mia madre ...	**Nëna ime ...** [néna ímɛ ...]
Ho mal di ...	**Kam ...** [kam ...]
testa	**dhimbje koke** [ðímbjɛ kókɛ]
gola	**dhimbje fyti** [ðímbjɛ fýti]
pancia	**dhimbje stomaku** [ðímbjɛ stomáku]
denti	**dhimbje dhëmbi** [ðímbjɛ ðémbi]
Mi gira la testa.	**Ndjehem i /e/ trullosur.** [ndjéhɛm i /ɛ/ truɫósur]
Ha la febbre. (m)	**Ka ethe.** [ka éθɛ]
Ha la febbre. (f)	**Ajo ka ethe.** [ajó ka éθɛ]
Non riesco a respirare.	**Nuk marr dot frymë.** [nuk mar dot frýmə]
Mi manca il respiro.	**Mbeta pa frymë.** [mbéta pa frýmə]
Sono asmatico.	**unë jam astmatik.** [únə jam astmatík]
Sono diabetico /diabetica/.	**Jam me diabet.** [jam mɛ diabét]

Soffro d'insonnia.	**Nuk fle dot.** [nuk flɛ dot]
intossicazione alimentare	**helmim nga ushqimi** [hɛlmím ŋa uʃcími]

Fa male qui.	**Më dhemb këtu.** [mə ðɛmb kətú]
Mi aiuti!	**Ndihmë!** [ndíhmə!]
Sono qui!	**Jam këtu!** [jam kətú!]
Siamo qui!	**Jemi këtu!** [jémi kətú!]
Mi tiri fuori di qui!	**Më nxirrni nga këtu!** [mə ndzírni ŋa kətú!]
Ho bisogno di un dottore.	**Kam nevojë për doktor.** [kam nɛvójə pər doktór]
Non riesco a muovermi.	**Nuk lëviz dot.** [nuk ləvíz dot]
Non riesco a muovere le gambe.	**Nuk lëviz dot këmbët.** [nuk ləvíz dot kémbət]

Ho una ferita.	**Jam plagosur.** [jam plagósur]
È grave?	**A është serioze?** [a éʃtə sɛriózɛ?]
I miei documenti sono in tasca.	**Dokumentet e mia janë në xhep.** [dokuméntɛt ɛ mía jánə nə dʒép]
Si calmi!	**Qetësohuni!** [cɛtəsóhuni!]
Posso usare il suo telefono?	**Mund të përdor telefonin tuaj?** [mund tə pərdór tɛlɛfónin túaj?]

Chiamate l'ambulanza!	**Thërrisni një ambulancë!** [θərísni ɲə ambulántsə!]
È urgente!	**Është urgjente!** [éʃtə urɟéntɛ!]
È un'emergenza!	**Është rast urgjent!** [éʃtə rast urɟént!]
Per favore, faccia presto!	**Ju lutem nxitoni!** [ju lútɛm ndzitóni!]
Per favore, chiamate un medico.	**Mund të thërrisni një doktor, ju lutem?** [mund tə θərísni ɲə doktór], [ju lútɛm?]
Dov'è l'ospedale?	**Ku është spitali?** [ku éʃtə spitáli?]

Come si sente?	**Si ndiheni?** [si ndíhɛni?]
Sta bene?	**Jeni mirë?** [jéni mírə?]
Che cosa è successo?	**Çfarë ndodhi?** [tʃfárə ndóði?]

Mi sento meglio ora.

Va bene.

Va tutto bene.

Ndihem më mirë tani.
[ndíhɛm mə mírə taní]

Është në rregull.
[ə́ʃtə nə réguɫ]

Është në rregull.
[ə́ʃtə nə réguɫ]

In farmacia

farmacia	**farmaci** [farmatsí]
farmacia di turno	**farmaci 24 orë** [farmatsí ɲəzét ɛ kátər orə]
Dov'è la farmacia più vicina?	**Ku është farmacia më e afërt?** [ku ə́ʃtə farmatsía mə ɛ áfərt?]
È aperta a quest'ora?	**Është e hapur tani?** [ə́ʃtə ɛ hápur taní?]
A che ora apre?	**Në çfarë ore hapet?** [nə tʃfárə órɛ hápɛt?]
A che ora chiude?	**Në çfarë ore mbyllet?** [nə tʃfárə órɛ mbýɫɛt?]
È lontana?	**Është larg?** [ə́ʃtə larg?]
Posso andarci a piedi?	**Mund të shkoj me këmbë deri atje?** [mund tə ʃkoj mɛ kə́mbə déri atjé?]
Può mostrarmi sulla piantina?	**Mund të më tregoni në hartë?** [mund tə mə trɛgóni nə hártə?]
Per favore, può darmi qualcosa per …	**Ju lutem më jepni diçka për …** [ju lútɛm mə jépni ditʃká pər …]
il mal di testa	**dhimbje koke** [ðímbjɛ kókɛ]
la tosse	**kollë** [kóɫə]
il raffreddore	**ftohje** [ftóhjɛ]
l'influenza	**grip** [grip]
la febbre	**ethe** [ə́θɛ]
il mal di stomaco	**dhimbje stomaku** [ðímbjɛ stomáku]
la nausea	**të përziera** [tə pərzíɛra]
la diarrea	**diarre** [diaré]
la costipazione	**kapsllëk** [kapsɫə́k]
mal di schiena	**dhimbje në shpinë** [ðímbjɛ nə ʃpínə]

dolore al petto	**dhimbje në kraharor** [ðímbjɛ nə kraharór]
fitte al fianco	**dhimbje në brinjë** [ðímbjɛ nə bríɲə]
dolori addominali	**dhimbje barku** [ðímbjɛ bárku]

pastiglia	**pilulë** [pilúlə]
pomata	**vaj, krem** [vaj], [krɛm]
sciroppo	**shurup** [ʃurúp]
spray	**sprej** [sprɛj]
gocce	**pika** [píka]

Deve andare in ospedale.	**Duhet të shkoni në spital.** [dúhɛt tə ʃkóni nə spitál]
assicurazione sanitaria	**sigurim shëndetësor** [sigurím ʃəndɛtəsór]
prescrizione	**recetë** [rɛtsétə]
insettifugo	**mbrojtës nga insektet** [mbrójtəs ŋa inséktɛt]
cerotto	**leukoplast** [lɛukoplást]

Il minimo indispensabile

Mi scusi, ...	**Më falni, ...** [mə fálni, ...]
Buongiorno.	**Përshëndetje.** [pərʃəndétjɛ]
Grazie.	**Faleminderit.** [falɛmindérit]
Arrivederci.	**Mirupafshim.** [mirupáfʃim]
Sì.	**Po.** [po]
No.	**Jo.** [jo]
Non lo so.	**Nuk e di.** [nuk ɛ di]
Dove? | Dove? (~ stai andando?) | Quando?	**Ku? | Për ku? | Kur?** [ku? | pər ku? | kur?]

Ho bisogno di ...	**Më nevojitet ...** [mə nɛvojítɛt ...]
Voglio ...	**Dua ...** [dúa ...]
Avete ...?	**Keni ...?** [kéni ...?]
C'è un /una/ ... qui?	**A ka ... këtu?** [a ka ... kətú?]
Posso ...?	**Mund të ...?** [mund tə ...?]
per favore	**..., ju lutem** [...], [ju lútɛm]

Sto cercando ...	**Kërkoj ...** [kərkój ...]
il bagno	**tualet** [tualét]
un bancomat	**bankomat** [bankomát]
una farmacia	**farmaci** [farmatsí]
un ospedale	**spital** [spitál]
la stazione di polizia	**komisariat policie** [komisariát politsíɛ]
la metro	**metro** [mɛtró]

un taxi	**taksi** [táksi]
la stazione (ferroviaria)	**stacion treni** [statsión trɛni]

Mi chiamo ...	**Më quajnë ...** [mə cúajnə ...]
Come si chiama?	**Si quheni?** [si cúhɛni?]
Mi può aiutare, per favore?	**Ju lutem, mund të ndihmoni?** [ju lútɛm], [mund tə ndihmóni?]
Ho un problema.	**Kam një problem.** [kam ɲə problém]
Mi sento male.	**Nuk ndihem mirë.** [nuk ndíhɛm mírə]
Chiamate l'ambulanza!	**Thërrisni një ambulancë!** [θərrísni ɲə ambulántsə!]
Posso fare una telefonata?	**Mund të bëj një telefonatë?** [mund tə bəj ɲə tɛlɛfonátə?]

Mi dispiace.	**Më vjen keq.** [mə vjɛn kɛc]
Prego.	**Ju lutem.** [ju lútɛm]

io	**unë, mua** [únə], [múa]
tu	**ti** [ti]
lui	**ai** [ai]
lei	**ajo** [ajó]
loro (m)	**ata** [atá]
loro (f)	**ato** [ató]
noi	**ne** [nɛ]
voi	**ju** [ju]
Lei	**ju** [ju]

ENTRATA	**HYRJE** [hýrjɛ]
USCITA	**DALJE** [dáljc]
FUORI SERVIZIO	**NUK FUNKSIONON** [nuk funksionón]
CHIUSO	**MBYLLUR** [mbýłur]

APERTO	**HAPUR**
	[hápur]
DONNE	**PËR FEMRA**
	[pər fémra]
UOMINI	**PËR MESHKUJ**
	[pər méʃkuj]

T&P BOOKS

VOCABOLARIO SUDDIVISO PER ARGOMENTI

Questa sezione contiene
più di 3.000 termini tra i più
importanti. Il dizionario sarà
un inestimabile aiuto durante
i vostri viaggi all'estero,
in quanto contiene termini
di uso quotidiano che
permetteranno di farvi capire
facilmente.
Il dizionario include un'utile
trascrizione fonetica per ogni
termine straniero

T&P Books Publishing

INDICE DEL DIZIONARIO

T&P Books Publishing

CONCETTI DI BASE

T&P Books Publishing

1. Pronomi

io	Unë, mua	[unə], [múa]
tu	ti, ty	[ti], [ty]
lui	ai	[aí]
lei	ajo	[ajó]
esso	ai	[aí]
noi	ne	[nɛ]
voi	ju	[ju]
loro (masc.)	ata	[atá]
loro (fem.)	ato	[ató]

2. Saluti. Convenevoli

Salve!	Përshëndetje!	[pərʃəndétjɛ!]
Buongiorno!	Përshëndetje!	[pərʃəndétjɛ!]
Buongiorno! (la mattina)	Mirëmëngjes!	[mirəmənɟés!]
Buon pomeriggio!	Mirëdita!	[mirədíta!]
Buonasera!	Mirëmbrëma!	[mirəmbróma!]
salutare (vt)	përshëndes	[pərʃəndés]
Ciao! Salve!	Ç'kemi!	[tʃkémi!]
saluto (m)	përshëndetje (f)	[pərʃəndétjɛ]
salutare (vi)	përshëndes	[pərʃəndés]
Come sta?	Si jeni?	[sí jéni'ʔ]
Come stai?	Si je?	[si jɛ?]
Che c'è di nuovo?	Çfarë ka të re?	[tʃfárə ká tə ré?]
Arrivederci!	Mirupafshim!	[mirupáfʃim!]
Ciao!	U pafshim!	[u páfʃim!]
A presto!	Shihemi së shpejti!	[ʃíhɛmi sə ʃpéjti!]
Addio!	Lamtumirë!	[lamtumírə!]
congedarsi (vr)	përshëndetem	[pərʃəndétɛm]
Ciao! (A presto!)	Tungjatjeta!	[tunɟatjéta!]
Grazie!	Faleminderit!	[falɛmindérit!]
Grazie mille!	Faleminderit shumë!	[falɛmindérit ʃúmə!]
Prego	Të lutem	[tə lútɛm]
Non c'è di che!	Asgjë!	[asɟé!]
Di niente	Asgjë	[asɟé]
Scusa!	Më fal!	[mə fal!]

| Scusi! | Më falni! | [mə fálni!] |
| scusare (vt) | fal | [fal] |

scusarsi (vr)	kërkoj falje	[kərkój fáljɛ]
Chiedo scusa	Kërkoj ndjesë	[kərkój ndjésə]
Mi perdoni!	Më vjen keq!	[mə vjɛn kɛc!]
perdonare (vt)	fal	[fal]
Non fa niente	S'ka gjë!	[s'ka ɟə!]
per favore	të lutem	[tə lútɛm]

Non dimentichi!	Mos harro!	[mos haró!]
Certamente!	Sigurisht!	[siguríʃt!]
Certamente no!	Sigurisht që jo!	[siguríʃt cə jo!]
D'accordo!	Në rregull!	[nə réguɫ!]
Basta!	Mjafton!	[mjaftón!]

3. Domande

Chi?	Kush?	[kuʃ?]
Che cosa?	Çka?	[tʃká?]
Dove? (in che luogo?)	Ku?	[ku?]
Dove? (~ vai?)	Për ku?	[pər ku?]
Di dove?, Da dove?	Nga ku?	[ŋa ku?]
Quando?	Kur?	[kur?]
Perché? (per quale scopo?)	Pse?	[psɛ?]
Perché? (per quale ragione?)	Pse?	[psɛ?]

Per che cosa?	Për çfarë arsye?	[pər tʃfárə arsýɛ?]
Come?	Si?	[si?]
Che? (~ colore è?)	Çfarë?	[tʃfárə?]
Quale?	Cili?	[tsíli?]

A chi?	Kujt?	[kújt?]
Di chi?	Për kë?	[pər kə?]
Di che cosa?	Për çfarë?	[pər tʃfárə?]
Con chi?	Me kë?	[mɛ kə?]

| Quanti?, Quanto? | Sa? | [sa?] |
| Di chi? | Të kujt? | [tə kujt?] |

4. Preposizioni

con (tè ~ il latte)	me	[mɛ]
senza	pa	[pa]
a (andare ~ ...)	për në	[pər nə]
di (parlare ~ ...)	për	[pər]

prima di ...	përpara	[pərpára]
di fronte a ...	para ...	[pára ...]
sotto (avv)	nën	[nən]
sopra (al di ~)	mbi	[mbí]
su (sul tavolo, ecc.)	mbi	[mbí]
da, di (via da ..., fuori di ...)	nga	[ŋa]
di (fatto ~ cartone)	nga	[ŋa]
fra (~ dieci minuti)	për	[pər]
attraverso (dall'altra parte)	sipër	[sípər]

5. Parole grammaticali. Avverbi. Parte 1

Dove?	Ku?	[ku?]
qui (in questo luogo)	këtu	[kətú]
lì (in quel luogo)	atje	[atjé]
da qualche parte (essere ~)	diku	[dikú]
da nessuna parte	askund	[askúnd]
vicino a ...	afër	[áfər]
vicino alla finestra	tek dritarja	[tɛk dritárja]
Dove?	Për ku?	[pər ku?]
qui (vieni ~)	këtu	[kətú]
ci (~ vado stasera)	atje	[atjé]
da qui	nga këtu	[ŋa kətú]
da lì	nga atje	[ŋa atjɛ]
vicino, accanto (avv)	pranë	[pránə]
lontano (avv)	larg	[larg]
vicino (~ a Parigi)	afër	[áfər]
vicino (qui ~)	pranë	[pránə]
non lontano	jo larg	[jo lárg]
sinistro (agg)	majtë	[májtə]
a sinistra (rimanere ~)	majtas	[májtas]
a sinistra (girare ~)	në të majtë	[nə tə májtə]
destro (agg)	djathtë	[djáθtə]
a destra (rimanere ~)	djathtas	[djáθtas]
a destra (girare ~)	në të djathtë	[nə tə djáθtə]
davanti	përballë	[pərbáłə]
anteriore (agg)	i përparmë	[i pərpármə]
avanti	përpara	[pərpára]

dietro (avv)	prapa	[prápa]
da dietro	nga prapa	[ŋa prápa]
indietro	pas	[pas]
mezzo (m), centro (m)	mes (m)	[mɛs]
in mezzo, al centro	në mes	[nə mɛs]
di fianco	në anë	[nə anə]
dappertutto	kudo	[kúdo]
attorno	përreth	[pəréθ]
da dentro	nga brenda	[ŋa brénda]
da qualche parte	diku	[dikú]
(andare ~)		
dritto (direttamente)	drejt	[dréjt]
indietro	pas	[pas]
da qualsiasi parte	nga kudo	[ŋa kúdo]
da qualche posto	nga diku	[ŋa dikú]
(veniamo ~)		
in primo luogo	së pari	[sə pári]
in secondo luogo	së dyti	[sə dýti]
in terzo luogo	së treti	[sə tréti]
all'improvviso	befas	[béfas]
all'inizio	në fillim	[nə fiłím]
per la prima volta	për herë të parë	[pər hérə tə párə]
molto tempo prima di...	shumë përpara ...	[ʃúmə pərpára ...]
di nuovo	sërish	[səríʃ]
per sempre	një herë e mirë	[nə hérə ɛ mírə]
mai	kurrë	[kúrə]
ancora	përsëri	[pərsərí]
adesso	tani	[táni]
spesso (avv)	shpesh	[ʃpɛʃ]
allora	atëherë	[atəhérə]
urgentemente	urgjent	[urɟént]
di solito	zakonisht	[zakoníʃt]
a proposito, ...	meqë ra fjala, ...	[méca ra fjála, ...]
è possibile	ndoshta	[ndóʃta]
probabilmente	mundësisht	[mundəsíʃt]
forse	mbase	[mbásɛ]
inoltre ...	përveç	[pərvétʃ]
ecco perché ...	ja përse ...	[ja pərsé ...]
nonostante (~ tutto)	pavarësisht se ...	[pavarəsíʃt sɛ ...]
grazie a	falë ...	[fálə ...]
che cosa (pron)	çfarë	[tʃfárə]
che (cong)	që	[cə]
qualcosa (qualsiasi cosa)	diçka	[ditʃká]

| qualcosa (le serve ~?) | ndonji gjë | [ndoɲí ɟə] |
| niente | asgjë | [asɟə́] |

chi (pron)	kush	[kuʃ]
qualcuno (annuire a ~)	dikush	[dikúʃ]
qualcuno (dipendere da ~)	dikush	[dikúʃ]

nessuno	askush	[askúʃ]
da nessuna parte	askund	[askúnd]
di nessuno	i askujt	[i askújt]
di qualcuno	i dikujt	[i dikújt]

così (era ~ arrabbiato)	aq	[ác]
anche (penso ~ a ...)	gjithashtu	[ɲiθaʃtú]
anche, pure	gjithashtu	[ɲiθaʃtú]

6. Parole grammaticali. Avverbi. Parte 2

Perché?	Pse?	[psɛ?]
per qualche ragione	për një arsye	[pər ɲə arsýɛ]
perché ...	sepse ...	[sɛpsé ...]
per qualche motivo	për ndonjë shkak	[pər ndóɲə ʃkak]

e (cong)	dhe	[ðɛ]
o (sì ~ no?)	ose	[ósɛ]
ma (però)	por	[porɟ]
per (~ me)	për	[pərɟ]

troppo	tepër	[tépər]
solo (avv)	vetëm	[vétəm]
esattamente	pikërisht	[pikəríʃt]
circa (~ 10 dollari)	rreth	[rɛθ]

approssimativamente	përafërsisht	[pərafərsíʃt]
approssimativo (agg)	përafërt	[pəráfərt]
quasi	pothuajse	[poθúajsɛ]
resto	mbetje (f)	[mbétjɛ]

l'altro (~ libro)	tjetri	[tjétri]
altro (differente)	tjetër	[tjétər]
ogni (agg)	çdo	[tʃdo]
qualsiasi (agg)	çfarëdo	[tʃfarədó]
molti	disa	[disá]
molto (avv)	shumë	[ʃúmə]
molta gente	shumë njerëz	[ʃúmə ɲérəz]
tutto, tutti	të gjithë	[tə ɟíθə]

in cambio di ...	në vend të ...	[nə vénd tə ...]
in cambio	në shkëmbim të ...	[nə ʃkəmbím tə ...]
a mano (fatto ~)	me dorë	[mɛ dórə]

poco probabile	vështirë se ...	[vəʃtírə sɛ ...]
probabilmente	mundësisht	[mundəsíʃt]
apposta	me qëllim	[mɛ cəɫím]
per caso	aksidentalisht	[aksidɛntalíʃt]
molto (avv)	shumë	[ʃúmə]
per esempio	për shembull	[pər ʃémbuɫ]
fra (~ due)	midis	[midís]
fra (~ più di due)	rreth	[rɛθ]
tanto (quantità)	kaq shumë	[kác ʃúmə]
soprattutto	veçanërisht	[vɛʧanəríʃt]

NUMERI. VARIE

T&P Books Publishing

zero (m)	**zero**	[zéro]
uno	**një**	[ɲə]
due	**dy**	[dy]
tre	**tre**	[trɛ]
quattro	**katër**	[kátər]
cinque	**pesë**	[pésə]
sei	**gjashtë**	[ɟáʃtə]
sette	**shtatë**	[ʃtátə]
otto	**tetë**	[tétə]
nove	**nëntë**	[nəntə]
dieci	**dhjetë**	[ðjétə]
undici	**njëmbëdhjetë**	[ɲəmbəðjétə]
dodici	**dymbëdhjetë**	[dymbəðjétə]
tredici	**trembëdhjetë**	[trɛmbəðjétə]
quattordici	**katërmbëdhjetë**	[katərmbəðjétə]
quindici	**pesëmbëdhjetë**	[pɛsəmbəðjétə]
sedici	**gjashtëmbëdhjetë**	[ɟaʃtəmbəðjétə]
diciassette	**shtatëmbëdhjetë**	[ʃtatəmbəðjétə]
diciotto	**tetëmbëdhjetë**	[tɛtəmbəðjétə]
diciannove	**nëntëmbëdhjetë**	[nəntəmbəðjétə]
venti	**njëzet**	[ɲəzét]
ventuno	**njëzet e një**	[ɲəzét ɛ ɲə]
ventidue	**njëzet e dy**	[ɲəzét ɛ dy]
ventitre	**njëzet e tre**	[ɲəzét ɛ trɛ]
trenta	**tridhjetë**	[triðjétə]
trentuno	**tridhjetë e një**	[triðjétə ɛ ɲə]
trentadue	**tridhjetë e dy**	[triðjétə ɛ dy]
trentatre	**tridhjetë e tre**	[triðjétə ɛ trɛ]
quaranta	**dyzet**	[dyzét]
quarantuno	**dyzet e një**	[dyzét ɛ ɲə]
quarantadue	**dyzet e dy**	[dyzét ɛ dy]
quarantatre	**dyzet e tre**	[dyzét ɛ trɛ]
cinquanta	**pesëdhjetë**	[pɛsəðjétə]
cinquantuno	**pesëdhjetë e një**	[pɛsəðjétə ɛ ɲə]
cinquantadue	**pesëdhjetë e dy**	[pɛsəðjétə ɛ dy]
cinquantatre	**pesëdhjetë e tre**	[pɛsəðjétə ɛ trɛ]
sessanta	**gjashtëdhjetë**	[ɟaʃtəðjétə]

sessantuno	gjashtëdhjetë e një	[ʝaʃtəðjétə ɛ ɲə]
sessantadue	gjashtëdhjetë e dy	[ʝaʃtəðjétə ɛ dý]
sessantatre	gjashtëdhjetë e tre	[ʝaʃtəðjétə ɛ tré]
settanta	shtatëdhjetë	[ʃtatəðjétə]
settantuno	shtatëdhjetë e një	[ʃtatəðjétə ɛ ɲə]
settantadue	shtatëdhjetë e dy	[ʃtatəðjétə ɛ dy]
settantatre	shtatëdhjetë e tre	[ʃtatəðjétə ɛ trɛ]
ottanta	tetëdhjetë	[tɛtəðjétə]
ottantuno	tetëdhjetë e një	[tɛtəðjétə ɛ ɲə]
ottantadue	tetëdhjetë e dy	[tɛtəðjétə ɛ dy]
ottantatre	tetëdhjetë e tre	[tɛtəðjétə ɛ trɛ]
novanta	nëntëdhjetë	[nəntəðjétə]
novantuno	nëntëdhjetë e një	[nəntəðjétə ɛ ɲə]
novantadue	nëntëdhjetë e dy	[nəntəðjétə ɛ dy]
novantatre	nëntëdhjetë e tre	[nəntəðjétə ɛ trɛ]

8. Numeri cardinali. Parte 2

cento	njëqind	[ɲəcínd]
duecento	dyqind	[dycínd]
trecento	treqind	[trɛcínd]
quattrocento	katërqind	[katərcínd]
cinquecento	pesëqind	[pɛsəcínd]
seicento	gjashtëqind	[ʝaʃtəcínd]
settecento	shtatëqind	[ʃtatəcínd]
ottocento	tetëqind	[tɛtəcínd]
novecento	nëntëqind	[nəntəcínd]
mille	një mijë	[ɲə míjə]
duemila	dy mijë	[dy míjə]
tremila	tre mijë	[trɛ míjə]
diecimila	dhjetë mijë	[ðjétə míjə]
centomila	njëqind mijë	[ɲəcínd míjə]
milione (m)	milion (m)	[milión]
miliardo (m)	miliardë (f)	[miliárdə]

9. Numeri ordinali

primo	i pari	[i pári]
secondo	i dyti	[i dýti]
terzo	i treti	[i tréti]
quarto	i katërti	[i kátərti]
quinto	i pesti	[i pésti]
sesto	i gjashti	[i ʝáʃti]

settimo	i shtati	[i ʃtáti]
ottavo	i teti	[i téti]
nono	i nënti	[i nénti]
decimo	i dhjeti	[i ðjéti]

T&P BOOKS

COLORI.
UNITÀ DI MISURA

T&P Books Publishing

10. Colori

colore (m)	ngjyrë (f)	[nɟýrə]
sfumatura (f)	nuancë (f)	[nuántsə]
tono (m)	tonalitet (m)	[tonalitét]
arcobaleno (m)	ylber (m)	[ylbér]

bianco (agg)	e bardhë	[ɛ bárðə]
nero (agg)	e zezë	[ɛ zézə]
grigio (agg)	gri	[gri]

verde (agg)	jeshile	[jɛʃílɛ]
giallo (agg)	e verdhë	[ɛ vérðə]
rosso (agg)	e kuqe	[ɛ kúcɛ]
blu (agg)	blu	[blu]
azzurro (agg)	bojëqielli	[bojəciéti]
rosa (agg)	rozë	[rózə]
arancione (agg)	portokalli	[portokáti]
violetto (agg)	bojëvjollcë	[bojəvjóttsə]
marrone (agg)	kafe	[káfɛ]

d'oro (agg)	e artë	[ɛ ártə]
argenteo (agg)	e argjendtë	[ɛ aɟéndtə]
beige (agg)	bezhë	[béʒə]
color crema (agg)	krem	[krɛm]
turchese (agg)	e bruztë	[ɛ brúztə]
rosso ciliegia (agg)	qershi	[cɛrʃí]
lilla (agg)	jargavan	[jargaván]
rosso lampone (agg)	e kuqe e thellë	[ɛ kúcɛ ɛ θéłə]

chiaro (agg)	e hapur	[ɛ hápur]
scuro (agg)	e errët	[ɛ érət]
vivo, vivido (agg)	e ndritshme	[ɛ ndrítʃmɛ]

colorato (agg)	e ngjyrosur	[ɛ nɟyrósur]
a colori	ngjyrë	[nɟýrə]
bianco e nero (agg)	bardhë e zi	[bárðə ɛ zi]
in tinta unita	njëngjyrëshe	[ɲənɟýrəʃɛ]
multicolore (agg)	shumëngjyrëshe	[ʃumənɟýrəʃɛ]

11. Unità di misura

peso (m)	peshë (f)	[péʃə]
lunghezza (f)	gjatësi (f)	[ɟatəsí]

larghezza (f)	gjerësi (f)	[ɟɛrəsí]
altezza (f)	lartësi (f)	[lartəsí]
profondità (f)	thellësi (f)	[θɛłəsí]
volume (m)	vëllim (m)	[vəłím]
area (f)	sipërfaqe (f)	[sipərfácɛ]

grammo (m)	gram (m)	[gram]
milligrammo (m)	miligram (m)	[miligrám]
chilogrammo (m)	kilogram (m)	[kilográm]
tonnellata (f)	ton (m)	[ton]
libbra (f)	paund (m)	[páund]
oncia (f)	ons (m)	[ons]

metro (m)	metër (m)	[métər]
millimetro (m)	milimetër (m)	[milimétər]
centimetro (m)	centimetër (m)	[tsɛntimétər]
chilometro (m)	kilometër (m)	[kilométər]
miglio (m)	milje (f)	[míljɛ]

pollice (m)	inç (m)	[intʃ]
piede (f)	këmbë (f)	[kémbə]
iarda (f)	jard (m)	[járd]

metro (m) quadro	metër katror (m)	[métər katrór]
ettaro (m)	hektar (m)	[hɛktár]
litro (m)	litër (m)	[lítər]
grado (m)	gradë (f)	[grádə]
volt (m)	volt (m)	[volt]
ampere (m)	amper (m)	[ampér]
cavallo vapore (m)	kuaj-fuqi (f)	[kúaj-fucí]

quantità (f)	sasi (f)	[sasí]
un po' di ...	pak ...	[pak ...]
metà (f)	gjysmë (f)	[ɟýsmə]
dozzina (f)	dyzinë (f)	[dyzínə]
pezzo (m)	copë (f)	[tsópə]

dimensione (f)	madhësi (f)	[maðəsí]
scala (f) (modello in ~)	shkallë (f)	[ʃkáłə]

minimo (agg)	minimale	[minimálɛ]
minore (agg)	më i vogli	[mə i vógli]
medio (agg)	i mesëm	[i mésəm]
massimo (agg)	maksimale	[maksimálɛ]
maggiore (agg)	më i madhi	[mə i máði]

12. Contenitori

barattolo (m) di vetro	kavanoz (m)	[kavanóz]
latta, lattina (f)	kanoçe (f)	[kanótʃɛ]

secchio (m)	**kovë** (f)	[kóvə]
barile (m), botte (f)	**fuçi** (f)	[futʃí]
catino (m)	**legen** (m)	[lɛgén]
serbatoio (m) (per liquidi)	**tank** (m)	[tank]
fiaschetta (f)	**faqore** (f)	[facórɛ]
tanica (f)	**bidon** (m)	[bidón]
cisterna (f)	**cisternë** (f)	[tsistérnə]
tazza (f)	**tas** (m)	[tas]
tazzina (f) (~ di caffé)	**filxhan** (m)	[fildʒán]
piattino (m)	**pjatë filxhani** (f)	[pjátə fildʒáni]
bicchiere (m) (senza stelo)	**gotë** (f)	[gótə]
calice (m)	**gotë vere** (f)	[gótə vérɛ]
casseruola (f)	**tenxhere** (f)	[tɛndʒérɛ]
bottiglia (f)	**shishe** (f)	[ʃíʃɛ]
collo (m) (~ della bottiglia)	**grykë**	[grýkə]
caraffa (f)	**brokë** (f)	[brókə]
brocca (f)	**shtambë** (f)	[ʃtámbə]
recipiente (m)	**enë** (f)	[énə]
vaso (m) di coccio	**enë** (f)	[énə]
vaso (m) di fiori	**vazo** (f)	[vázo]
boccetta (f) (~ di profumo)	**shishe** (f)	[ʃíʃɛ]
fiala (f)	**shishkë** (f)	[ʃíʃkə]
tubetto (m)	**tubet** (f)	[tubét]
sacco (m) (~ di patate)	**thes** (m)	[θɛs]
sacchetto (m) (~ di plastica)	**qese** (f)	[césɛ]
pacchetto (m) (~ di sigarette, ecc.)	**paketë** (f)	[pakétə]
scatola (f) (~ per scarpe)	**kuti** (f)	[kutí]
cassa (f) (~ di vino, ecc.)	**arkë** (f)	[árkə]
cesta (f)	**shportë** (f)	[ʃpórtə]

I VERBI PIÙ IMPORTANTI

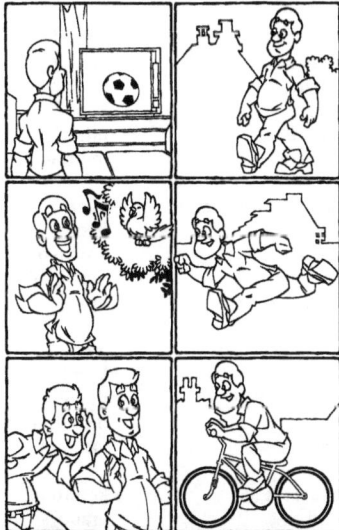

T&P Books Publishing

accorgersi (vr)	vërej	[vəréj]
afferrare (vt)	kap	[kap]
affittare (dare in affitto)	marr me qira	[mar mɛ cirá]
aiutare (vt)	ndihmoj	[ndihmój]
amare (qn)	dashuroj	[daʃurój]
andare (camminare)	ec në këmbë	[ɛts nə kémbə]
annotare (vt)	mbaj shënim	[mbáj ʃəním]
appartenere (vi)	përkas ...	[pərkás ...]
aprire (vt)	hap	[hap]
arrivare (vi)	arrij	[aríj]
aspettare (vt)	pres	[prɛs]
avere (vt)	kam	[kam]
avere fame	kam uri	[kam urí]
avere fretta	nxitoj	[ndzitój]
avere paura	kam frikë	[kam fríkə]
avere sete	kam etje	[kam étjɛ]
avvertire (vt)	paralajmëroj	[paralajmərój]
cacciare (vt)	dal për gjah	[dál pər ɟáh]
cadere (vi)	bie	[bíɛ]
cambiare (vt)	ndryshoj	[ndryʃój]
capire (vt)	kuptoj	[kuptój]
cenare (vi)	ha darkë	[ha dárkə]
cercare (vt)	kërkoj ...	[kərkój ...]
cessare (vt)	ndaloj	[ndalój]
chiedere (~ aiuto)	thërras	[θərás]
chiedere (domandare)	pyes	[pýɛs]
cominciare (vt)	filloj	[fiłój]
comparare (vt)	krahasoj	[krahasój]
confondere (vt)	ngatërroj	[ŋatərój]
conoscere (qn)	njoh	[ɲóh]
conservare (vt)	mbaj	[mbáj]
consigliare (vt)	këshilloj	[kəʃiłój]
contare (calcolare)	numëroj	[numərój]
contare su ...	mbështetem ...	[mbəʃtétɛm ...]
continuare (vt)	vazhdoj	[vaʒdój]
controllare (vt)	kontrolloj	[kontrołój]
correre (vi)	vrapoj	[vrapój]

costare (vt)	kushton	[kuʃtón]
creare (vt)	krijoj	[krijój]
cucinare (vi)	gatuaj	[gatúaj]

14. I verbi più importanti. Parte 2

dare (vt)	jap	[jap]
dare un suggerimento	aludoj	[aludój]
decorare (adornare)	zbukuroj	[zbukurój]
difendere (~ un paese)	mbroj	[mbrój]
dimenticare (vt)	harroj	[harój]

dire (~ la verità)	them	[θɛm]
dirigere (compagnia, ecc.)	drejtoj	[drɛjtój]
discutere (vt)	diskutoj	[diskutój]
domandare (vt)	pyes	[pýɛs]
dubitare (vi)	dyshoj	[dyʃój]

entrare (vi)	hyj	[hyj]
esigere (vt)	kërkoj	[kərkój]
esistere (vi)	ekzistoj	[ɛkzistój]

essere (vi)	jam	[jam]
essere d'accordo	bie dakord	[bíɛ dakórd]
fare (vt)	bëj	[bəj]
fare colazione	ha mëngjes	[ha mənɟés]

fare il bagno	notoj	[notój]
fermarsi (vr)	ndaloj	[ndalój]
fidarsi (vr)	besoj	[bɛsój]
finire (vt)	përfundoj	[pərfundój]
firmare (~ un documento)	nënshkruaj	[nənʃkrúaj]

giocare (vi)	luaj	[lúaj]
girare (~ a destra)	kthej	[kθɛj]
gridare (vi)	bërtas	[bərtás]
indovinare (vt)	hamendësoj	[hamɛndəsój]
informare (vt)	informoj	[informój]

ingannare (vt)	mashtroj	[maʃtrój]
insistere (vi)	këmbëngul	[kəmbəɲúl]
insultare (vt)	fyej	[fýɛj]
interessarsi di ...	interesohem ...	[intɛrɛsóhɛm ...]
invitare (vt)	ftoj	[ftoj]

lamentarsi (vr)	ankohem	[ankóhɛm]
lasciar cadere	lëshoj	[ləʃój]
lavorare (vi)	punoj	[punój]
leggere (vi, vt)	lexoj	[lɛdzój]
liberare (vt)	çliroj	[tʃlirój]

15. I verbi più importanti. Parte 3

mancare le lezioni	**humbas**	[humbás]
mandare (vt)	**dërgoj**	[dərgój]
menzionare (vt)	**përmend**	[pərménd]
minacciare (vt)	**kërcënoj**	[kərtsənój]
mostrare (vt)	**tregoj**	[trɛgój]
nascondere (vt)	**fsheh**	[fʃéh]
nuotare (vi)	**notoj**	[notój]
obiettare (vt)	**kundërshtoj**	[kundərʃtój]
occorrere (vimp)	**nevojitet**	[nɛvojítɛt]
ordinare (~ il pranzo)	**porosis**	[porosís]
ordinare (mil.)	**urdhëroj**	[urðərój]
osservare (vt)	**vëzhgoj**	[vəʒgój]
pagare (vi, vt)	**paguaj**	[pagúaj]
parlare (vi, vt)	**flas**	[flas]
partecipare (vi)	**marr pjesë**	[mar pjésə]
pensare (vi, vt)	**mendoj**	[mɛndój]
perdonare (vt)	**fal**	[fal]
permettere (vt)	**lejoj**	[lɛjój]
piacere (vi)	**pëlqej**	[pəlcéj]
piangere (vi)	**qaj**	[caj]
pianificare (vt)	**planifikoj**	[planifikój]
possedere (vt)	**zotëroj**	[zotərój]
potere (v aus)	**mund**	[mund]
pranzare (vi)	**ha drekë**	[ha drékə]
preferire (vt)	**preferoj**	[prɛfɛrój]
pregare (vi, vt)	**lutem**	[lútɛm]
prendere (vt)	**marr**	[mar]
prevedere (vt)	**parashikoj**	[paraʃikój]
promettere (vt)	**premtoj**	[prɛmtój]
pronunciare (vt)	**shqiptoj**	[ʃciptój]
proporre (vt)	**propozoj**	[propozój]
punire (vt)	**ndëshkoj**	[ndəʃkój]
raccomandare (vt)	**rekomandoj**	[rɛkomandój]
ridere (vi)	**qesh**	[cɛʃ]
rifiutarsi (vr)	**refuzoj**	[rɛfuzój]
rincrescere (vi)	**pendohem**	[pɛndóhɛm]
ripetere (ridire)	**përsëris**	[pərsərís]
riservare (vt)	**rezervoj**	[rɛzɛrvój]
rispondere (vi, vt)	**përgjigjem**	[pərɟíɟɛm]
rompere (spaccare)	**ndahem**	[ndáhɛm]
rubare (~ i soldi)	**vjedh**	[vjɛð]

16. I verbi più importanti. Parte 4

salvare (~ la vita a qn)	shpëtoj	[ʃpətój]
sapere (vt)	di	[di]
sbagliare (vi)	gaboj	[gabój]
scavare (vt)	gërmoj	[gərmój]
scegliere (vt)	zgjedh	[zɟɛð]
scendere (vi)	zbres	[zbrɛs]
scherzare (vi)	bëj shaka	[bəj ʃaká]
scrivere (vt)	shkruaj	[ʃkrúaj]
scusare (vt)	fal	[fal]
scusarsi (vr)	kërkoj falje	[kərkój fáljɛ]
sedersi (vr)	ulem	[úlɛm]
seguire (vt)	ndjek ...	[ndjék ...]
sgridare (vt)	qortoj	[cortój]
significare (vt)	nënkuptoj	[nənkuptój]
sorridere (vi)	buzëqesh	[buzəcéʃ]
sottovalutare (vt)	nënvlerësoj	[nənvlɛrəsój]
sparare (vi)	qëlloj	[cəɫój]
sperare (vi, vt)	shpresoj	[ʃprɛsój]
spiegare (vt)	shpjegoj	[ʃpjɛgój]
studiare (vt)	studioj	[studiój]
stupirsi (vr)	çuditem	[tʃudítɛm]
tacere (vi)	hesht	[hɛʃt]
tentare (vt)	përpiqem	[pərpícɛm]
toccare (~ con le mani)	prek	[prɛk]
tradurre (vt)	përkthej	[pərkθéj]
trovare (vt)	gjej	[ɟéj]
uccidere (vt)	vras	[vras]
udire (percepire suoni)	dëgjoj	[dəɟój]
unire (vt)	bashkoj	[baʃkój]
uscire (vi)	dal	[dal]
vantarsi (vr)	mburrem	[mbúrɛm]
vedere (vt)	shikoj	[ʃikój]
vendere (vt)	shes	[ʃɛs]
volare (vi)	fluturoj	[fluturój]
volere (desiderare)	dëshiroj	[dəʃirój]

T&P BOOKS

ORARIO. CALENDARIO

T&P Books Publishing

17. Giorni della settimana

lunedì (m)	E hënë (f)	[ε hə́nə]
martedì (m)	E martë (f)	[ε mártə]
mercoledì (m)	E mërkurë (f)	[ε mərkúrə]
giovedì (m)	E enjte (f)	[ε éɲtɛ]
venerdì (m)	E premte (f)	[ε prémtɛ]
sabato (m)	E shtunë (f)	[ε ʃtúnə]
domenica (f)	E dielë (f)	[ε díɛlə]
oggi (avv)	sot	[sot]
domani	nesër	[nésər]
dopodomani	pasnesër	[pasnésər]
ieri (avv)	dje	[djé]
l'altro ieri	pardje	[pardjé]
giorno (m)	ditë (f)	[dítə]
giorno (m) lavorativo	ditë pune (f)	[dítə púnɛ]
giorno (m) festivo	festë kombëtare (f)	[féstə kombətárɛ]
giorno (m) di riposo	ditë pushim (m)	[dítə puʃím]
fine (m) settimana	fundjavë (f)	[fundjávə]
tutto il giorno	gjithë ditën	[ɟíθə dítən]
l'indomani	ditën pasardhëse	[dítən pasárðəsɛ]
due giorni fa	dy ditë më parë	[dy dítə mə párə]
il giorno prima	një ditë më parë	[ɲə dítə mə párə]
quotidiano (agg)	ditor	[ditór]
ogni giorno	çdo ditë	[tʃdo dítə]
settimana (f)	javë (f)	[jávə]
la settimana scorsa	javën e kaluar	[jávən ɛ kalúar]
la settimana prossima	javën e ardhshme	[jávən ɛ árðʃmɛ]
settimanale (agg)	javor	[javór]
ogni settimana	çdo javë	[tʃdo jávə]
due volte alla settimana	dy herë në javë	[dy hérə nə jávə]
ogni martedì	çdo të martë	[tʃdo tə mártə]

18. Ore. Giorno e notte

mattina (f)	mëngjes (m)	[mənɟés]
di mattina	në mëngjes	[nə mənɟés]
mezzogiorno (m)	mesditë (f)	[mɛsdítə]
nel pomeriggio	pasdite	[pasdítɛ]
sera (f)	mbrëmje (f)	[mbrémjɛ]

di sera	në mbrëmje	[nə mbrémjɛ]
notte (f)	natë (f)	[nátə]
di notte	natën	[nátən]
mezzanotte (f)	mesnatë (f)	[mɛsnátə]

secondo (m)	sekondë (f)	[sɛkóndə]
minuto (m)	minutë (f)	[minútə]
ora (f)	orë (f)	[órə]
mezzora (f)	gjysmë ore (f)	[ɟýsmə órɛ]
un quarto d'ora	çerek ore (m)	[tʃɛrék órɛ]
quindici minuti	pesëmbëdhjetë minuta	[pɛsəmbəðjétə minúta]
ventiquattro ore	24 orë	[ɲəzét ɛ kátər órə]

levata (f) del sole	agim (m)	[agím]
alba (f)	agim (m)	[agím]
mattutino (m)	mëngjes herët (m)	[mənɟés hérət]
tramonto (m)	perëndim dielli (m)	[pɛrəndím diéɬi]

di buon mattino	herët në mëngjes	[hérət nə mənɟés]
stamattina	sot në mëngjes	[sot nə mənɟés]
domattina	nesër në mëngjes	[nésər nə mənɟés]

oggi pomeriggio	sot pasdite	[sot pasdítɛ]
nel pomeriggio	pasdite	[pasdítɛ]
domani pomeriggio	nesër pasdite	[nésər pasdítɛ]

| stasera | sonte në mbrëmje | [sóntɛ nə mbrəmjɛ] |
| domani sera | nesër në mbrëmje | [nésər nə mbrémjɛ] |

alle tre precise	në orën 3 fiks	[nə órən trɛ fiks]
verso le quattro	rreth orës 4	[rɛθ órəs kátər]
per le dodici	deri në orën 12	[déri nə órən dymbəðjétə]

fra venti minuti	për 20 minuta	[pər ɲəzét minúta]
fra un'ora	për një orë	[pər ɲə órə]
puntualmente	në orar	[nə orárʲ]

un quarto di …	çerek …	[tʃɛrék …]
entro un'ora	brenda një ore	[brénda ɲə órɛ]
ogni quindici minuti	çdo 15 minuta	[tʃdo pɛsəmbəðjétə minúta]
giorno e notte	gjithë ditën	[ɟíθə dítən]

19. Mesi. Stagioni

gennaio (m)	**Janar** (m)	[janárʲ]
febbraio (m)	**Shkurt** (m)	[ʃkurt]
marzo (m)	**Mars** (m)	[mars]
aprile (m)	**Prill** (m)	[priɬ]
maggio (m)	**Maj** (m)	[maj]
giugno (m)	**Qershor** (m)	[cɛrʃórʲ]

luglio (m)	Korrik (m)	[korík]
agosto (m)	Gusht (m)	[guʃt]
settembre (m)	Shtator (m)	[ʃtatór]
ottobre (m)	Tetor (m)	[tɛtór]
novembre (m)	Nëntor (m)	[nəntór]
dicembre (m)	Dhjetor (m)	[ðjɛtór]

primavera (f)	pranverë (f)	[pranvérə]
in primavera	në pranverë	[nə pranvérə]
primaverile (agg)	pranveror	[pranvɛrór]

estate (f)	verë (f)	[vérə]
in estate	në verë	[nə vérə]
estivo (agg)	veror	[vɛrór]

autunno (m)	vjeshtë (f)	[vjéʃtə]
in autunno	në vjeshtë	[nə vjéʃtə]
autunnale (agg)	vjeshtor	[vjéʃtor]

inverno (m)	dimër (m)	[dímər]
in inverno	në dimër	[nə dímər]
invernale (agg)	dimëror	[dimərór]

mese (m)	muaj (m)	[múaj]
questo mese	këtë muaj	[kətə múaj]
il mese prossimo	muajin tjetër	[múajin tjétər]
il mese scorso	muajin e kaluar	[múajin ɛ kalúar]

un mese fa	para një muaji	[pára ɲə múaji]
fra un mese	pas një muaji	[pas ɲə múaji]
fra due mesi	pas dy muajsh	[pas dy múajʃ]
un mese intero	gjithë muajin	[ɟíθə múajin]
per tutto il mese	gjatë gjithë muajit	[ɟátə ɟíθə múajit]

mensile (rivista ~)	mujor	[mujór]
mensilmente	mujor	[mujór]
ogni mese	çdo muaj	[tʃdo múaj]
due volte al mese	dy herë në muaj	[dy hérə nə múaj]

anno (m)	vit (m)	[vit]
quest'anno	këtë vit	[kətə vít]
l'anno prossimo	vitin tjetër	[vítin tjétər]
l'anno scorso	vitin e kaluar	[vítin ɛ kalúar]

un anno fa	para një viti	[pára ɲə víti]
fra un anno	për një vit	[pər ɲə vit]
fra due anni	për dy vite	[pər dy vítɛ]
un anno intero	gjithë vitin	[ɟíθə vítin]
per tutto l'anno	gjatë gjithë vitit	[ɟátə ɟíθə vítit]

| ogni anno | çdo vit | [tʃdo vít] |
| annuale (agg) | vjetor | [vjɛtór] |

| annualmente | çdo vit | [tʃdo vít] |
| quattro volte all'anno | 4 herë në vit | [kátər hérə nə vit] |

data (f) (~ di oggi)	datë (f)	[dátə]
data (f) (~ di nascita)	data (f)	[dáta]
calendario (m)	kalendar (m)	[kalɛndár]

mezz'anno (m)	gjysmë viti	[ɟýsmə víti]
semestre (m)	gjashtë muaj	[ɟáʃtə múaj]
stagione (f) (estate, ecc.)	stinë (f)	[stínə]
secolo (m)	shekull (m)	[ʃékuɫ]

T&P BOOKS

VIAGGIO. HOTEL

T&P Books Publishing

turismo (m)	turizëm (m)	[turízəm]
turista (m)	turist (m)	[turíst]
viaggio (m) (all'estero)	udhëtim (m)	[uðətím]
avventura (f)	aventurë (f)	[avɛntúrə]
viaggio (m) (corto)	udhëtim (m)	[uðətím]
vacanza (f)	pushim (m)	[puʃím]
essere in vacanza	jam me pushime	[jam mɛ puʃímɛ]
riposo (m)	pushim (m)	[puʃím]
treno (m)	tren (m)	[trɛn]
in treno	me tren	[mɛ trén]
aereo (m)	avion (m)	[avión]
in aereo	me avion	[mɛ avión]
in macchina	me makinë	[mɛ makínə]
in nave	me anije	[mɛ aníjɛ]
bagaglio (m)	bagazh (m)	[bagáʒ]
valigia (f)	valixhe (f)	[valídʒɛ]
carrello (m)	karrocë bagazhesh (f)	[karótsə bagáʒɛʃ]
passaporto (m)	pasaportë (f)	[pasapórtə]
visto (m)	vizë (f)	[vízə]
biglietto (m)	biletë (f)	[bilétə]
biglietto (m) aereo	biletë avioni (f)	[bilétə avióni]
guida (f)	guidë turistike (f)	[guídə turistíkɛ]
carta (f) geografica	hartë (f)	[hártə]
località (f)	zonë (f)	[zónə]
luogo (m)	vend (m)	[vɛnd]
ogetti (m pl) esotici	ekzotikë (f)	[ɛkzotíkə]
esotico (agg)	ekzotik	[ɛkzotík]
sorprendente (agg)	mahnitëse	[mahnítəsɛ]
gruppo (m)	grup (m)	[grup]
escursione (f)	ekskursion (m)	[ɛkskursión]
guida (f) (cicerone)	udhërrëfyes (m)	[uðərəfýɛs]

21. Hotel

albergo, hotel (m)	hotel (m)	[hotél]
motel (m)	motel (m)	[motél]

tre stelle	me tre yje	[mɛ trɛ ýjɛ]
cinque stelle	me pesë yje	[mɛ pésə ýjɛ]
alloggiare (vi)	qëndroj	[cəndrój]
camera (f)	dhomë (f)	[ðómə]
camera (f) singola	dhomë teke (f)	[ðómə tékɛ]
camera (f) doppia	dhomë dyshe (f)	[ðómə dýʃɛ]
prenotare una camera	rezervoj një dhomë	[rɛzɛrvój ɲə ðómə]
mezza pensione (f)	gjysmë-pension (m)	[ɟýsmə-pɛnsión]
pensione (f) completa	pension i plotë (m)	[pɛnsión i plótə]
con bagno	me banjo	[mɛ báɲo]
con doccia	me dush	[mɛ dúʃ]
televisione (f) satellitare	televizor satelitor (m)	[tɛlɛvizór satɛlitór]
condizionatore (m)	kondicioner (m)	[konditsionér]
asciugamano (m)	peshqir (m)	[pɛʃcír]
chiave (f)	çelës (m)	[tʃéləs]
amministratore (m)	administrator (m)	[administratór]
cameriera (f)	pastruese (f)	[pastrúɛsɛ]
portabagagli (m)	portier (m)	[portiér]
portiere (m)	portier (m)	[portiér]
ristorante (m)	restorant (m)	[rɛstoránt]
bar (m)	pab (m), pijetore (f)	[pab], [pijɛtórɛ]
colazione (f)	mëngjes (m)	[mənɟés]
cena (f)	darkë (f)	[dárkə]
buffet (m)	bufe (f)	[bufé]
hall (f) (atrio d'ingresso)	holl (m)	[hoɫ]
ascensore (m)	ashensor (m)	[aʃɛnsór]
NON DISTURBARE	MOS SHQETËSONI	[mos ʃcɛtəsóni]
VIETATO FUMARE!	NDALOHET DUHANI	[ndalóhɛt duháni]

22. Visita turistica

monumento (m)	monument (m)	[monumént]
fortezza (f)	kala (f)	[kalá]
palazzo (m)	pallat (m)	[paɫát]
castello (m)	kështjellë (f)	[kəʃtjéɫə]
torre (f)	kullë (f)	[kúɫə]
mausoleo (m)	mauzoleum (m)	[mauzolɛúm]
architettura (f)	arkitekturë (f)	[arkitɛktúrə]
medievale (agg)	mesjetare	[mɛsjɛtárɛ]
antico (agg)	e lashtë	[ɛ láʃtə]
nazionale (agg)	kombëtare	[kombətárɛ]
famoso (agg)	i famshëm	[i fámʃəm]

turista (m)	**turist** (m)	[turíst]
guida (f)	**udhërrëfyes** (m)	[uðərəfýɛs]
escursione (f)	**ekskursion** (m)	[ɛkskursión]
fare vedere	**tregoj**	[trɛgój]
raccontare (vt)	**dëftoj**	[dəftój]
trovare (vt)	**gjej**	[ɟéj]
perdersi (vr)	**humbas**	[humbás]
mappa (f) (~ della metropolitana)	**hartë** (f)	[hártə]
piantina (f) (~ della città)	**hartë** (f)	[hártə]
souvenir (m)	**suvenir** (m)	[suvɛnír]
negozio (m) di articoli da regalo	**dyqan dhuratash** (m)	[dycán ðurátaʃ]
fare foto	**bëj foto**	[bəj fóto]
fotografarsi	**bëj fotografi**	[bəj fotografí]

T&P BOOKS

MEZZI DI TRASPORTO

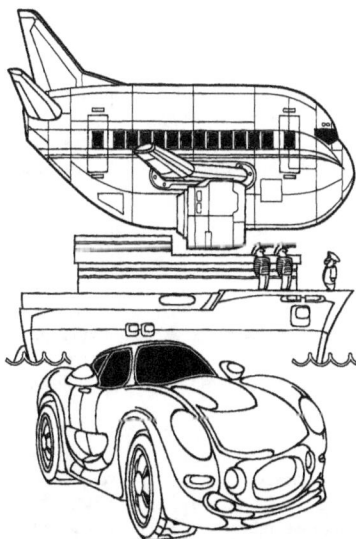

T&P Books Publishing

aeroporto (m)	aeroport (m)	[aɛropórt]
aereo (m)	avion (m)	[avión]
compagnia (f) aerea	kompani ajrore (f)	[kompaní ajróre]
controllore (m) di volo	kontroll i trafikut ajror (m)	[kontróɫ i trafíkut ajrór]
partenza (f)	nisje (f)	[nísjɛ]
arrivo (m)	arritje (f)	[arítjɛ]
arrivare (vi)	arrij me avion	[aríj mɛ avión]
ora (f) di partenza	nisja (f)	[nísja]
ora (f) di arrivo	arritja (f)	[arítja]
essere ritardato	vonesë	[vonésə]
volo (m) ritardato	vonesë avioni (f)	[vonésə avióni]
tabellone (m) orari	ekrani i informacioneve (m)	[ɛkráni i informatsiónɛvɛ]
informazione (f)	informacion (m)	[informatsión]
annunciare (vt)	njoftoj	[ɲoftój]
volo (m)	fluturim (m)	[fluturím]
dogana (f)	doganë (f)	[dogánə]
doganiere (m)	doganier (m)	[doganiér]
dichiarazione (f)	deklarim doganor (m)	[dɛklarím doganór]
riempire (~ una dichiarazione)	plotësoj	[plotəsój]
riempire una dichiarazione	plotësoj deklaratën	[plotəsój dɛklarátən]
controllo (m) passaporti	kontroll pasaportash (m)	[kontróɫ pasapórtaʃ]
bagaglio (m)	bagazh (m)	[bagáʒ]
bagaglio (m) a mano	bagazh dore (m)	[bagáʒ dórɛ]
carrello (m)	karrocë bagazhesh (f)	[karótsə bagáʒɛʃ]
atterraggio (m)	aterrim (m)	[atɛrím]
pista (f) di atterraggio	pistë aterrimi (f)	[pístə atɛrími]
atterrare (vi)	aterroj	[atɛrój]
scaletta (f) dell'aereo	shkallë avioni (f)	[ʃkáɫə avióni]
check-in (m)	regjistrim (m)	[rɛɟistrím]
banco (m) del check-in	sportel regjistrimi (m)	[sportél rɛɟistrími]
fare il check-in	regjistrohem	[rɛɟistróhɛm]
carta (f) d'imbarco	biletë e hyrjes (f)	[bilétə ɛ hýrjɛs]
porta (f) d'imbarco	porta e nisjes (f)	[pórta ɛ nísjɛs]

transito (m)	transit (m)	[transít]
aspettare (vt)	pres	[prɛs]
sala (f) d'attesa	salla e nisjes (f)	[sáɫa ɛ nísjɛs]
accompagnare (vt)	përcjell	[pərtsjéɫ]
congedarsi (vr)	përshëndetem	[pərʃəndétɛm]

24. Aeroplano

aereo (m)	avion (m)	[avión]
biglietto (m) aereo	biletë avioni (f)	[bilétə avióni]
compagnia (f) aerea	kompani ajrore (f)	[kompaní ajrórɛ]
aeroporto (m)	aeroport (m)	[aɛropórt]
supersonico (agg)	supersonik	[supɛrsoník]

comandante (m)	kapiten (m)	[kapitén]
equipaggio (m)	ekip (m)	[ɛkíp]
pilota (m)	pilot (m)	[pilót]
hostess (f)	stjuardesë (f)	[stjuardésə]
navigatore (m)	navigues (m)	[navigúɛs]

ali (f pl)	krahë (pl)	[kráhə]
coda (f)	bisht (m)	[biʃt]
cabina (f)	kabinë (f)	[kabínə]
motore (m)	motor (m)	[motór]
carrello (m) d'atterraggio	karrel (m)	[karél]
turbina (f)	turbinë (f)	[turbínə]

elica (f)	helikë (f)	[hɛlíkə]
scatola (f) nera	kuti e zezë (f)	[kutí ɛ zézə]
barra (f) di comando	timon (m)	[timón]
combustibile (m)	karburant (m)	[karburánt]

safety card (f)	udhëzime sigurie (pl)	[uðəzímɛ siguríɛ]
maschera (f) ad ossigeno	maskë oksigjeni (f)	[máskə oksiɟéni]
uniforme (f)	uniformë (f)	[unifórmə]
giubbotto (m) di salvataggio	jelek shpëtimi (m)	[jɛlék ʃpətími]
paracadute (m)	parashutë (f)	[paraʃútə]

decollo (m)	ngritje (f)	[ŋrítjɛ]
decollare (vi)	fluturon	[fluturón]
pista (f) di decollo	pista e fluturimit (f)	[písta ɛ fluturímit]

visibilità (f)	shikueshmëri (f)	[ʃikuɛʃmərí]
volo (m)	fluturim (m)	[fluturím]
altitudine (f)	lartësi (f)	[lartəsí]
vuoto (m) d'aria	xhep ajri (m)	[dʒɛp ájri]

posto (m)	karrige (f)	[karígɛ]
cuffia (f)	kufje (f)	[kúfjɛ]
tavolinetto (m) pieghevole	tabaka (f)	[tabaká]

| oblò (m), finestrino (m) | dritare avioni (f) | [dritárɛ avióni] |
| corridoio (m) | korridor (m) | [koridór] |

25. Treno

treno (m)	tren (m)	[trɛn]
elettrotreno (m)	tren elektrik (m)	[trɛn ɛlɛktrík]
treno (m) rapido	tren ekspres (m)	[trɛn ɛksprés]
locomotiva (f) diesel	lokomotivë me naftë (f)	[lokomótiva mɛ náftə]
locomotiva (f) a vapore	lokomotivë me avull (f)	[lokomótivə mɛ ávuɫ]
carrozza (f)	vagon (m)	[vagón]
vagone (m) ristorante	vagon restorant (m)	[vagón rɛstoránt]
rotaie (f pl)	shina (pl)	[ʃína]
ferrovia (f)	hekurudhë (f)	[hɛkurúðə]
traversa (f)	traversë (f)	[travérsə]
banchina (f) (~ ferroviaria)	platformë (f)	[platfórmə]
binario (m) (~ 1, 2)	binar (m)	[binár]
semaforo (m)	semafor (m)	[sɛmafór]
stazione (f)	stacion (m)	[statsión]
macchinista (m)	makinist (m)	[makiníst]
portabagagli (m)	portier (m)	[portiér]
cuccettista (m, f)	konduktor (m)	[konduktór]
passeggero (m)	pasagjer (m)	[pasaɟér]
controllore (m)	konduktor (m)	[konduktór]
corridoio (m)	korridor (m)	[koridór]
freno (m) di emergenza	frena urgjence (f)	[fréna urɟéntsɛ]
scompartimento (m)	ndarje (f)	[ndárjɛ]
cuccetta (f)	kat (m)	[kat]
cuccetta (f) superiore	kati i sipërm (m)	[káti i sípərm]
cuccetta (f) inferiore	kati i poshtëm (m)	[káti i póʃtəm]
biancheria (f) da letto	shtroje shtrati (pl)	[ʃtrójɛ ʃtráti]
biglietto (m)	biletë (f)	[bilétə]
orario (m)	orar (m)	[orár]
tabellone (m) orari	tabelë e informatave (f)	[tabélə ɛ informátavɛ]
partire (vi)	niset	[nísɛt]
partenza (f)	nisje (f)	[nísjɛ]
arrivare (di un treno)	arrij	[aríj]
arrivo (m)	arritje (f)	[arítjɛ]
arrivare con il treno	arrij me tren	[aríj mɛ trɛn]
salire sul treno	hip në tren	[hip nə trén]
scendere dal treno	zbres nga treni	[zbrɛs ŋa tréni]

| deragliamento (m) | aksident hekurudhor (m) | [aksidént hɛkuruðór] |
| deragliare (vi) | del nga shinat | [dɛl ŋa ʃínat] |

locomotiva (f) a vapore	lokomotivë me avull (f)	[lokomótivə mɛ ávuɫ]
fuochista (m)	mbikëqyrës i zjarrit (m)	[mbikəcýrəs i zjárit]
forno (m)	furrë (f)	[fúrə]
carbone (m)	qymyr (m)	[cymýr]

26. Nave

| nave (f) | anije (f) | [aníjɛ] |
| imbarcazione (f) | mjet lundrues (m) | [mjét lundrúɛs] |

piroscafo (m)	anije me avull (f)	[aníjɛ mɛ ávuɫ]
barca (f) fluviale	anije lumi (f)	[aníjɛ lúmi]
transatlantico (m)	krocierë (f)	[krotsiérə]
incrociatore (m)	anije luftarake (f)	[aníjɛ luftarákɛ]

yacht (m)	jaht (m)	[jáht]
rimorchiatore (m)	anije rimorkiuese (f)	[aníjɛ rimorkiúɛsɛ]
chiatta (f)	anije transportuese (f)	[aníjɛ transportúɛsɛ]
traghetto (m)	traget (m)	[tragét]

| veliero (m) | anije me vela (f) | [aníjɛ mɛ véla] |
| brigantino (m) | brigantinë (f) | [brigantínə] |

| rompighiaccio (m) | akullthyese (f) | [akuɫθýɛsɛ] |
| sottomarino (m) | nëndetëse (f) | [nəndétəsɛ] |

barca (f)	barkë (f)	[bárkə]
scialuppa (f)	gomone (f)	[gomónɛ]
scialuppa (f) di salvataggio	varkë shpëtimi (f)	[várkə ʃpətími]
motoscafo (m)	skaf (m)	[skaf]

capitano (m)	kapiten (m)	[kapitén]
marittimo (m)	marinar (m)	[marinár]
marinaio (m)	marinar (m)	[marinár]
equipaggio (m)	ekip (m)	[ɛkíp]

nostromo (m)	kryemarinar (m)	[kryɛmarinár]
mozzo (m) di nave	djali i anijes (m)	[djáli i aníjɛs]
cuoco (m)	kuzhinier (m)	[kuʒiniér]
medico (m) di bordo	doktori i anijes (m)	[doktóri i aníjɛs]

ponte (m)	kuverta (f)	[kuvérta]
alboro (m)	direk (m)	[dirék]
vela (f)	vela (f)	[véla]

| stiva (f) | bagazh (m) | [bagáʒ] |
| prua (f) | harku sipëror (m) | [hárku sipərór] |

poppa (f)	pjesa e pasme (f)	[pjésa ɛ pásmɛ]
remo (m)	rrem (m)	[rɛm]
elica (f)	helikë (f)	[hɛlíkə]

cabina (f)	kabinë (f)	[kabínə]
quadrato (m) degli ufficiali	zyrë e oficerëve (m)	[zýrə ɛ ofitsérəvɛ]
sala (f) macchine	salla e motorit (m)	[sáła ɛ motórit]
ponte (m) di comando	urë komanduese (f)	[úrə komandúɛsɛ]
cabina (f) radiotelegrafica	kabina radiotelegrafike (f)	[kabína radiotɛlɛgrafíkɛ]
onda (f)	valë (f)	[válə]
giornale (m) di bordo	libri i shënimeve (m)	[líbri i ʃənímɛvɛ]

cannocchiale (m)	dylbi (f)	[dylbí]
campana (f)	këmbanë (f)	[kəmbánə]
bandiera (f)	flamur (m)	[flamúr]

| cavo (m) (~ d'ormeggio) | pallamar (m) | [pałamár] |
| nodo (m) | nyjë (f) | [nýjə] |

| ringhiera (f) | parmakë (pl) | [parmákə] |
| passerella (f) | shkallë (f) | [ʃkáłə] |

ancora (f)	spirancë (f)	[spirántsə]
levare l'ancora	ngre spirancën	[ŋré spirántsən]
gettare l'ancora	hedh spirancën	[hɛð spirántsən]
catena (f) dell'ancora	zinxhir i spirancës (m)	[zindʒír i spirántsəs]

porto (m)	port (m)	[port]
banchina (f)	skelë (f)	[skélə]
ormeggiarsi (vr)	ankoroj	[ankorój]
salpare (vi)	niset	[nísɛt]

viaggio (m)	udhëtim (m)	[uðətím]
crociera (f)	udhëtim me krocierë (f)	[uðətím mɛ krotsiérə]
rotta (f)	kursi i udhëtimit (m)	[kúrsi i uðətímit]
itinerario (m)	itinerar (m)	[itinɛrár]

tratto (m) navigabile	ujëra të lundrueshme (f)	[újəra tə lundrúɛʃmɛ]
secca (f)	cekëtinë (f)	[tsɛkətínə]
arenarsi (vr)	bllokohet në rërë	[błokóhɛt nə rərə]

tempesta (f)	stuhi (f)	[stuhí]
segnale (m)	sinjal (m)	[siɲál]
affondare (andare a fondo)	fundoset	[fundósɛt]
Uomo in mare!	Njeri në det!	[ɲɛrí nə dɛt!]
SOS	SOS (m)	[sos]
salvagente (m) anulare	bovë shpëtuese (f)	[bóvə ʃpətúɛsɛ]

T&P BOOKS

CITTÀ

T&P Books Publishing

27. Mezzi pubblici in città

autobus (m)	autobus (m)	[autobús]
tram (m)	tramvaj (m)	[tramváj]
filobus (m)	autobus tramvaj (m)	[autobús tramváj]
itinerario (m)	itinerar (m)	[itinɛrár]
numero (m)	numër (m)	[númər]

andare in ...	udhëtoj me ...	[uðətój mɛ ...]
salire (~ sull'autobus)	hip	[hip]
scendere da ...	zbres ...	[zbrɛs ...]

fermata (f) (~ dell'autobus)	stacion (m)	[statsión]
prossima fermata (f)	stacioni tjetër (m)	[statsióni tjétər]
capolinea (m)	terminal (m)	[tɛrminál]
orario (m)	orar (m)	[orár]
aspettare (vt)	pres	[prɛs]

biglietto (m)	biletë (f)	[bilétə]
prezzo (m) del biglietto	çmim bilete (m)	[tʃmím bilétɛ]

cassiere (m)	shitës biletash (m)	[ʃítəs bilétaʃ]
controllo (m) dei biglietti	kontroll biletash (m)	[kontróɫ bilétaʃ]
bigliettaio (m)	kontrollues biletash (m)	[kontroɫúɛs bilétaʃ]

essere in ritardo	vonohem	[vonóhɛm]
perdere (~ il treno)	humbas	[humbás]
avere fretta	nxitoj	[ndzitój]

taxi (m)	taksi (m)	[táksi]
taxista (m)	shofer taksie (m)	[ʃofér taksíɛ]
in taxi	me taksi	[mɛ táksi]
parcheggio (m) di taxi	stacion taksish (m)	[statsión táksiʃ]
chiamare un taxi	thërras taksi	[θərás táksi]
prendere un taxi	marr taksi	[mar táksi]

traffico (m)	trafik (m)	[trafík]
ingorgo (m)	bllokim trafiku (m)	[bɫokím trafíku]
ore (f pl) di punta	orë e trafikut të rëndë (f)	[órə ɛ trafíkut tə rəndə]
parcheggiarsi (vr)	parkoj	[parkój]
parcheggiare (vt)	parkim	[parkím]
parcheggio (m)	parking (m)	[parkíŋ]

metropolitana (f)	metro (f)	[mɛtró]
stazione (f)	stacion (m)	[statsión]
prendere la metropolitana	shkoj me metro	[ʃkoj mɛ métro]

| treno (m) | tren (m) | [trɛn] |
| stazione (f) ferroviaria | stacion treni (m) | [statsión tréni] |

28. Città. Vita di città

città (f)	qytet (m)	[cytét]
capitale (f)	kryeqytet (m)	[kryɛcytét]
villaggio (m)	fshat (m)	[fʃát]

mappa (f) della città	hartë e qytetit (f)	[hártə ɛ cytétit]
centro (m) della città	qendër e qytetit (f)	[céndər ɛ cytétit]
sobborgo (m)	periferi (f)	[pɛrifɛrí]
suburbano (agg)	periferik	[pɛrifɛrík]

periferia (f)	periferia (f)	[pɛrifɛría]
dintorni (m pl)	periferia (f)	[pɛrifɛría]
isolato (m)	bllok pallatesh (m)	[bɫók paɫátɛʃ]
quartiere residenziale	bllok banimi (m)	[bɫók baními]

traffico (m)	trafik (m)	[trafík]
semaforo (m)	semafor (m)	[sɛmafór]
trasporti (m pl) urbani	transport publik (m)	[transpórt publík]
incrocio (m)	kryqëzim (m)	[krycəzím]

passaggio (m) pedonale	kalim për këmbësorë (m)	[kalím pər kəmbəsórə]
sottopassaggio (m)	nënkalim për këmbësorë (m)	[nənkalím pər kəmbəsórə]
attraversare (vt)	kapërcej	[kapərtséj]
pedone (m)	këmbësor (m)	[kəmbəsór]
marciapiede (m)	trotuar (m)	[trotuár]

ponte (m)	urë (f)	[úrə]
banchina (f)	breg lumi (m)	[brɛg lúmi]
fontana (f)	shatërvan (m)	[ʃatərván]

vialetto (m)	rrugëz (m)	[rúgəz]
parco (m)	park (m)	[park]
boulevard (m)	bulevard (m)	[bulɛvárd]
plazza (f)	shesh (m)	[ʃɛʃ]
viale (m), corso (m)	bulevard (m)	[bulɛvárd]
via (f), strada (f)	rrugë (f)	[rúgə]
vicolo (m)	rrugë dytësore (f)	[rúgə dytəsórɛ]
vicolo (m) cieco	rrugë pa krye (f)	[rúgə pa krýɛ]

casa (f)	shtëpi (f)	[ʃtəpí]
edificio (m)	ndërtesë (f)	[ndərtésə]
grattacielo (m)	qiellgërvishtës (m)	[ciɛɫgərvíʃtəs]

| facciata (f) | fasadë (f) | [fasádə] |
| tetto (m) | çati (f) | [tʃatí] |

finestra (f)	dritare (f)	[dritárɛ]
arco (m)	hark (m)	[hárk]
colonna (f)	kolonë (f)	[kolónə]
angolo (m)	kënd (m)	[kénd]

vetrina (f)	vitrinë (f)	[vitrínə]
insegna (f) (di negozi, ecc.)	tabelë (f)	[tabélə]
cartellone (m)	poster (m)	[postér]
cartellone (m) pubblicitario	afishe reklamuese (f)	[afíʃɛ rɛklamúɛsɛ]
tabellone (m) pubblicitario	tabelë reklamash (f)	[tabélə rɛklámaʃ]

pattume (m), spazzatura (f)	plehra (f)	[pléhra]
pattumiera (f)	kosh plehrash (m)	[koʃ pléhraʃ]
sporcare (vi)	hedh mbeturina	[hɛð mbɛturína]
discarica (f) di rifiuti	deponi plehrash (f)	[dɛponí pléhraʃ]

cabina (f) telefonica	kabinë telefonike (f)	[kabínə tɛlɛfoníkɛ]
lampione (m)	shtyllë dritash (f)	[ʃtýɫə drítaʃ]
panchina (f)	stol (m)	[stol]

poliziotto (m)	polic (m)	[políts]
polizia (f)	polici (f)	[politsí]
mendicante (m)	lypës (m)	[lýpəs]
barbone (m)	i pastrehë (m)	[i pastréhə]

29. Servizi cittadini

negozio (m)	dyqan (m)	[dycán]
farmacia (f)	farmaci (f)	[farmatsí]
ottica (f)	optikë (f)	[optíkə]
centro (m) commerciale	qendër tregtare (f)	[céndər trɛgtárɛ]
supermercato (m)	supermarket (m)	[supɛrmarkét]

panetteria (f)	furrë (f)	[fúrə]
fornaio (m)	furrtar (m)	[furtár]
pasticceria (f)	pastiçeri (f)	[pastitʃerí]
drogheria (f)	dyqan ushqimor (m)	[dycán uʃcimór]
macelleria (f)	dyqan mishi (m)	[dycán míʃi]

| fruttivendolo (m) | dyqan fruta-perimesh (m) | [dycán frúta-pɛrímɛʃ] |
| mercato (m) | treg (m) | [trɛg] |

caffè (m)	kafene (f)	[kafɛné]
ristorante (m)	restorant (m)	[rɛstoránt]
birreria (f), pub (m)	pab (m), pijetore (f)	[pab], [pijɛtórɛ]
pizzeria (f)	piceri (f)	[pitsɛrí]

salone (m) di parrucchiere	parukeri (f)	[parukɛrí]
ufficio (m) postale	zyrë postare (f)	[zýrə postárɛ]
lavanderia (f) a secco	pastrim kimik (m)	[pastrím kimík]

studio (m) fotografico	**studio fotografike** (f)	[stúdio fotografíkɛ]
negozio (m) di scarpe	**dyqan këpucësh** (m)	[dycán kəpútsəʃ]
libreria (f)	**librari** (f)	[librarí]
negozio (m) sportivo	**dyqan me mallra sportivë** (m)	[dycán mɛ máɫra sportívə]

riparazione (f) di abiti	**rrobaqepësi** (f)	[robacɛpəsí]
noleggio (m) di abiti	**dyqan veshjesh me qira** (m)	[dycán véʃjɛʃ mɛ cirá]
noleggio (m) di film	**dyqan videosh me qira** (m)	[dycán vídɛoʃ mɛ cirá]

circo (m)	**cirk** (m)	[tsírk]
zoo (m)	**kopsht zoologjik** (m)	[kópʃt zooloɟík]
cinema (m)	**kinema** (f)	[kinɛmá]
museo (m)	**muze** (m)	[muzé]
biblioteca (f)	**bibliotekë** (f)	[bibliotékə]

teatro (m)	**teatër** (m)	[tɛátər]
teatro (m) dell'opera	**opera** (f)	[opéra]

locale notturno (m)	**klub nate** (m)	[klúb nátɛ]
casinò (m)	**kazino** (f)	[kazíno]

moschea (f)	**xhami** (f)	[dʒamí]
sinagoga (f)	**sinagogë** (f)	[sinagógə]
cattedrale (f)	**katedrale** (f)	[katɛdrálɛ]

tempio (m)	**tempull** (m)	[témpuɫ]
chiesa (f)	**kishë** (f)	[kíʃə]

istituto (m)	**kolegj** (m)	[koléɟ]
università (f)	**universitet** (m)	[univɛrsitét]
scuola (f)	**shkollë** (f)	[ʃkóɫə]

prefettura (f)	**prefekturë** (f)	[prɛfɛktúrə]
municipio (m)	**bashki** (f)	[baʃkí]

albergo, hotel (m)	**hotel** (m)	[hotél]
banca (f)	**bankë** (f)	[bánkə]

ambasciata (f)	**ambasadë** (f)	[ambasádə]
agenzia (f) di viaggi	**agjenci udhëtimesh** (f)	[aɟɛntsí uðətímɛʃ]

ufficio (m) informazioni	**zyrë informacioni** (f)	[zýrə informatsióni]
ufficio (m) dei cambi	**këmbim valutor** (m)	[kəmbím valutór]

metropolitana (f)	**metro** (f)	[mɛtró]
ospedale (m)	**spital** (m)	[spitál]

distributore (m) di benzina	**pikë karburanti** (f)	[píkə karburánti]
parcheggio (m)	**parking** (m)	[parkíŋ]

30. Cartelli

insegna (f) (di negozi, ecc.)	tabelë (f)	[tabélə]
iscrizione (f)	njoftim (m)	[ɲoftím]
cartellone (m)	poster (m)	[postér]
segnale (m) di direzione	tabelë drejtuese (f)	[tabélə drɛjtúɛsɛ]
freccia (f)	shigjetë (f)	[ʃiɟétə]
avvertimento (m)	kujdes (m)	[kujdés]
avviso (m)	shenjë paralajmëruese (f)	[ʃéɲə paralajmərúɛsɛ]
avvertire, avvisare (vt)	paralajmëroj	[paralajmərój]
giorno (m) di riposo	ditë pushimi (f)	[dítə puʃími]
orario (m)	orar (m)	[orár]
orario (m) di apertura	orari i punës (m)	[orári i púnəs]
BENVENUTI!	MIRË SE VINI!	[mírə sɛ víni!]
ENTRATA	HYRJE	[hýrjɛ]
USCITA	DALJE	[dáljɛ]
SPINGERE	SHTY	[ʃty]
TIRARE	TËRHIQ	[tərhíc]
APERTO	HAPUR	[hápur]
CHIUSO	MBYLLUR	[mbýɫur]
DONNE	GRA	[gra]
UOMINI	BURRA	[búra]
SCONTI	ZBRITJE	[zbrítjɛ]
SALDI	ULJE	[úljɛ]
NOVITÀ!	TË REJA!	[tə réja!]
GRATIS	FALAS	[fálas]
ATTENZIONE!	KUJDES!	[kujdés!]
COMPLETO	NUK KA VENDE TË LIRA	[nuk ka véndɛ tə líra]
RISERVATO	E REZERVUAR	[ɛ rɛzɛrvúar]
AMMINISTRAZIONE	ADMINISTRATA	[administráta]
RISERVATO AL PERSONALE	VETËM PËR STAFIN	[vétəm pər stáfin]
ATTENTI AL CANE	RUHUNI NGA QENI!	[rúhuni ŋa céni!]
VIETATO FUMARE!	NDALOHET DUHANI	[ndalóhɛt duháni]
NON TOCCARE	MOS PREK!	[mos prék!]
PERICOLOSO	TË RREZIKSHME	[tə rɛzíkʃmɛ]
PERICOLO	RREZIK	[rɛzík]
ALTA TENSIONE	TENSION I LARTË	[tɛnsión i lártə]
DIVIETO DI BALNEAZIONE	NUK LEJOHET NOTI!	[nuk lɛjóhɛt nóti!]
GUASTO	E PRISHUR	[ɛ príʃur]

INFIAMMABILE	LËNDË DJEGËSE	[ləndə djégəsɛ]
VIETATO	E NDALUAR	[ɛ ndalúar]
VIETATO L'INGRESSO	NDALOHET HYRJA	[ndalóhɛt hýrja]
VERNICE FRESCA	BOJË E FRESKËT	[bójə ɛ fréskət]

31. Acquisti

comprare (vt)	blej	[blɛj]
acquisto (m)	blerje (f)	[blérjɛ]
fare acquisti	shkoj për pazar	[ʃkoj pər pazár]
shopping (m)	pazar (m)	[pazár]
essere aperto (negozio)	hapur	[hápur]
essere chiuso	mbyllur	[mbýɫur]
calzature (f pl)	këpucë (f)	[kəpútsə]
abbigliamento (m)	veshje (f)	[véʃjɛ]
cosmetica (f)	kozmetikë (f)	[kozmɛtíkə]
alimentari (m pl)	mallra ushqimore (f)	[máɫra uʃcimórɛ]
regalo (m)	dhuratë (f)	[ðurátə]
commesso (m)	shitës (m)	[ʃítəs]
commessa (f)	shitëse (f)	[ʃítəsɛ]
cassa (f)	arkë (f)	[árkə]
specchio (m)	pasqyrë (f)	[pascýrə]
banco (m)	banak (m)	[bának]
camerino (m)	dhomë prove (f)	[ðómə próvɛ]
provare (~ un vestito)	provoj	[provój]
stare bene (vestito)	më rri mirë	[mə ri mírə]
piacere (vi)	pëlqej	[pəlcéj]
prezzo (m)	çmim (m)	[tʃmím]
etichetta (f) del prezzo	etiketa e çmimit (f)	[ɛtikéta ɛ tʃmímit]
costare (vt)	kushton	[kuʃtón]
Quanto?	Sa?	[sa?]
sconto (m)	ulje (f)	[úljɾ]
no muy caro (agg)	jo e shtrenjtë	[jo ɛ ʃtréɲtə]
a buon mercato	e lirë	[ɛ lírə]
caro (agg)	i shtrenjtë	[i ʃtréɲtə]
È caro	Është e shtrenjtë	[éʃtə ɛ ʃtréɲtə]
noleggio (m)	qiramarrje (f)	[ciramárjɛ]
noleggiare (~ un abito)	marr me qira	[mar mɛ cirá]
credito (m)	kredit (m)	[krɛdít]
a credito	me kredi	[mɛ krɛdí]

T&P BOOKS

ABBIGLIAMENTO E ACCESSORI

T&P Books Publishing

32. Indumenti. Soprabiti

vestiti (m pl)	rroba (f)	[róba]
soprabito (m)	veshje e sipërme (f)	[véʃjɛ ɛ sípərmɛ]
abiti (m pl) invernali	veshje dimri (f)	[véʃjɛ dímri]
cappotto (m)	pallto (f)	[páɫto]
pelliccia (f)	gëzof (m)	[gəzóf]
pellicciotto (m)	xhaketë lëkure (f)	[dʒakétə ləkúrɛ]
piumino (m)	xhup (m)	[dʒup]
giubbotto (m), giaccha (f)	xhaketë (f)	[dʒakétə]
impermeabile (m)	pardesy (f)	[pardɛsý]
impermeabile (agg)	kundër shiut	[kúndər ʃiut]

33. Abbigliamento uomo e donna

camicia (f)	këmishë (f)	[kəmíʃə]
pantaloni (m pl)	pantallona (f)	[pantaɫóna]
jeans (m pl)	xhinse (f)	[dʒínsɛ]
giacca (f) (~ di tweed)	xhaketë kostumi (f)	[dʒakétə kostúmi]
abito (m) da uomo	kostum (m)	[kostúm]
abito (m)	fustan (m)	[fustán]
gonna (f)	fund (m)	[fund]
camicetta (f)	bluzë (f)	[blúzə]
giacca (f) a maglia	xhaketë me thurje (f)	[dʒakétə mɛ θúrjɛ]
giacca (f) tailleur	xhaketë femrash (f)	[dʒakétə fémraʃ]
maglietta (f)	bluzë (f)	[blúzə]
pantaloni (m pl) corti	pantallona të shkurtra (f)	[pantaɫóna tə ʃkúrtra]
tuta (f) sportiva	tuta sportive (f)	[túta sportívɛ]
accappatoio (m)	peshqir trupi (m)	[pɛʃcír trúpi]
pigiama (m)	pizhame (f)	[piʒámɛ]
maglione (m)	triko (f)	[tríko]
pullover (m)	pulovër (m)	[pulóvər]
gilè (m)	jelek (m)	[jɛlék]
frac (m)	frak (m)	[frak]
smoking (m)	smoking (m)	[smokíŋ]
uniforme (f)	uniformë (f)	[unifórmə]
tuta (f) da lavoro	rroba pune (f)	[róba púnɛ]

| salopette (f) | kominoshe (f) | [kominóʃɛ] |
| camice (m) (~ del dottore) | uniformë (f) | [unifórmə] |

34. Abbigliamento. Biancheria intima

biancheria (f) intima	të brendshme (f)	[tə bréndʃmɛ]
boxer (m pl)	boksera (f)	[bokséra]
mutandina (f)	brekë (f)	[brékə]
maglietta (f) intima	fanellë (f)	[fanétə]
calzini (m pl)	çorape (pl)	[tʃorápɛ]
camicia (f) da notte	këmishë nate (f)	[kəmíʃə nátɛ]
reggiseno (m)	sytjena (f)	[sytjéna]
calzini (m pl) alti	çorape déri tek gjuri (pl)	[tʃorápɛ déri ték ɟúri]
collant (m)	geta (f)	[géta]
calze (f pl)	çorape të holla (pl)	[tʃorápɛ tə hóta]
costume (m) da bagno	rrobë banje (f)	[róbə bápɛ]

35. Copricapo

cappello (m)	kapelë (f)	[kapélə]
cappello (m) di feltro	kapelë republike (f)	[kapélə rɛpublíkɛ]
cappello (m) da baseball	kapelë bejsbolli (f)	[kapélə bɛjsbóti]
coppola (f)	kapelë e sheshtë (f)	[kapélə ɛ ʃéʃtə]
basco (m)	beretë (f)	[bɛrétə]
cappuccio (m)	kapuç (m)	[kapútʃ]
panama (m)	kapelë panama (f)	[kapélə panamá]
berretto (m) a maglia	kapuç leshi (m)	[kapútʃ léʃi]
fazzoletto (m) da capo	shami (f)	[ʃamí]
cappellino (m) donna	kapelë femrash (f)	[kapélə fémraʃ]
casco (m) (~ di sicurezza)	helmetë (f)	[hɛlmétə]
bustina (f)	kapelë ushtrie (f)	[kapélə uʃtríɛ]
casco (m) (~ moto)	helmetë (f)	[hɛlmétə]
bombetta (f)	kapelë derby (f)	[kapélə dérby]
cilindro (m)	kapelë cilindër (f)	[kapélə tsilíndər]

36. Calzature

calzature (f pl)	këpucë (pl)	[kəpútsə]
stivaletti (m pl)	këpucë burrash (pl)	[kəpútsə búraʃ]
scarpe (f pl)	këpucë grash (pl)	[kəpútsə gráʃ]
stivali (m pl)	çizme (pl)	[tʃízmɛ]

pantofole (f pl)	pantofla (pl)	[pantófla]
scarpe (f pl) da tennis	atlete tenisi (pl)	[atlétɛ tɛnísi]
scarpe (f pl) da ginnastica	atlete (pl)	[atlétɛ]
sandali (m pl)	sandale (pl)	[sandálɛ]

calzolaio (m)	këpucëtar (m)	[kəputsətár]
tacco (m)	takë (f)	[tákə]
paio (m)	palë (f)	[pálə]

laccio (m)	lidhëse këpucësh (f)	[líðəsɛ kəpútsəʃ]
allacciare (vt)	lidh këpucët	[lið kəpútsət]
calzascarpe (m)	lugë këpucësh (f)	[lúgə kəpútsəʃ]
lucido (m) per le scarpe	bojë këpucësh (f)	[bójə kəpútsəʃ]

37. Accessori personali

guanti (m pl)	dorëza (pl)	[dórəza]
manopole (f pl)	doreza (f)	[doréza]
sciarpa (f)	shall (m)	[ʃaɫ]

occhiali (m pl)	syze (f)	[sýzɛ]
montatura (f)	skelet syzesh (m)	[skɛlét sýzɛʃ]
ombrello (m)	çadër (f)	[tʃádər]
bastone (m)	bastun (m)	[bastún]
spazzola (f) per capelli	furçë flokësh (f)	[fúrtʃə flókəʃ]
ventaglio (m)	erashkë (f)	[ɛráʃkə]

cravatta (f)	kravatë (f)	[kravátə]
cravatta (f) a farfalla	papion (m)	[papión]
bretelle (f pl)	aski (pl)	[askí]
fazzoletto (m)	shami (f)	[ʃamí]

pettine (m)	krehër (m)	[kréhər]
fermaglio (m)	kapëse flokësh (f)	[kápəsɛ flókəʃ]
forcina (f)	karficë (f)	[karfítsə]
fibbia (f)	tokëz (f)	[tókəz]

| cintura (f) | rrip (m) | [rip] |
| spallina (f) | rrip supi (m) | [rip súpi] |

borsa (f)	çantë dore (f)	[tʃántə dórɛ]
borsetta (f)	çantë (f)	[tʃántə]
zaino (m)	çantë shpine (f)	[tʃántə ʃpínɛ]

38. Abbigliamento. Varie

| moda (f) | modë (f) | [módə] |
| di moda | në modë | [nə módə] |

stilista (m)	stilist (m)	[stilíst]
collo (m)	jakë (f)	[jákə]
tasca (f)	xhep (m)	[dʒɛp]
tascabile (agg)	i xhepit	[i dʒépit]
manica (f)	mëngë (f)	[méŋə]
asola (f) per appendere	hallkë për varje (f)	[háɫkə pər várjɛ]
patta (f) (~ dei pantaloni)	zinxhir (m)	[zindʒír]
cerniera (f) lampo	zinxhir (m)	[zindʒír]
chiusura (f)	kapëse (f)	[kápəsɛ]
bottone (m)	kopsë (f)	[kópsə]
occhiello (m)	vrimë kopse (f)	[vrímə kópsɛ]
staccarsi (un bottone)	këputet	[kəpútɛt]
cucire (vi, vt)	qep	[cɛp]
ricamare (vi, vt)	qëndis	[cəndís]
ricamo (m)	qëndisje (f)	[cəndísjɛ]
ago (m)	gjilpërë për qepje (f)	[ɟilpérə pər cépjɛ]
filo (m)	pe (m)	[pɛ]
cucitura (f)	tegel (m)	[tɛgél]
sporcarsi (vr)	bëhem pis	[béhɛm pis]
macchia (f)	njollë (f)	[ɲóɫə]
sgualcirsi (vr)	zhubros	[ʒubrós]
strappare (vt)	gris	[gris]
tarma (f)	molë rrobash (f)	[mólə róbaʃ]

39. Cura della persona. Cosmetici

dentifricio (m)	pastë dhëmbësh (f)	[pástə ðémbəʃ]
spazzolino (m) da denti	furçë dhëmbësh (f)	[fúrtʃe ðémbəʃ]
lavarsi i denti	laj dhëmbët	[laj ðémbət]
rasoio (m)	brisk (m)	[brísk]
crema (f) da barba	pastë rroje (f)	[pástə rójɛ]
rasarsi (vr)	rruhem	[rúhɛm]
sapone (m)	sapun (m)	[sapún]
shampoo (m)	shampo (f)	[ʃampó]
forbici (f pl)	gërshërë (f)	[gərʃérə]
limetta (f)	limë thonjsh (f)	[límə θóɲʃ]
tagliaunghie (m)	prerëse thonjsh (f)	[prérəsɛ θóɲʃ]
pinzette (f pl)	piskatore vetullash (f)	[piskatórɛ vétuɫaʃ]
cosmetica (f)	kozmetikë (f)	[kozmɛtíkə]
maschera (f) di bellezza	maskë fytyre (f)	[máskə fytýrɛ]
manicure (m)	manikyr (m)	[manikýr]
fare la manicure	bëj manikyr	[bəj manikýr]
pedicure (m)	pedikyr (m)	[pɛdikýr]

borsa (f) del trucco	çantë kozmetike (f)	[tʃántə kozmɛtíkɛ]
cipria (f)	pudër fytyre (f)	[púdər fytýrɛ]
portacipria (m)	pudër kompakte (f)	[púdər kompáktɛ]
fard (m)	ruzh (m)	[ruʒ]

profumo (m)	parfum (m)	[parfúm]
acqua (f) da toeletta	parfum (m)	[parfúm]
lozione (f)	krem (m)	[krɛm]
acqua (f) di Colonia	kolonjë (f)	[kolóɲə]

ombretto (m)	rimel (m)	[rimél]
eyeliner (m)	laps për sy (m)	[láps pər sy]
mascara (m)	rimel (m)	[rimél]

rossetto (m)	buzëkuq (m)	[buzəkúc]
smalto (m)	llak për thonj (m)	[ɬak pər θóɲ]
lacca (f) per capelli	llak flokësh (m)	[ɬak flókəʃ]
deodorante (m)	deodorant (m)	[dɛodoránt]

crema (f)	krem (m)	[krɛm]
crema (f) per il viso	krem për fytyrë (m)	[krɛm pər fytýrə]
crema (f) per le mani	krem për duar (m)	[krɛm pər dúar]
crema (f) antirughe	krem kundër rrudhave (m)	[krɛm kúndər rúðavɛ]
crema (f) da giorno	krem dite (m)	[krɛm dítɛ]
crema (f) da notte	krem nate (m)	[krɛm nátɛ]
da giorno	dite	[dítɛ]
da notte	nate	[nátɛ]

tampone (m)	tampon (m)	[tampón]
carta (f) igienica	letër higjienike (f)	[létər hiɟiɛníkɛ]
fon (m)	tharëse flokësh (f)	[θárəsɛ flókəʃ]

40. Orologi da polso. Orologio

orologio (m) (~ da polso)	orë dore (f)	[órə dórɛ]
quadrante (m)	faqe e orës (f)	[fácɛ ɛ órəs]
lancetta (f)	akrep (m)	[akrép]
braccialetto (m)	rrip metalik ore (m)	[rip mɛtalík órɛ]
cinturino (m)	rrip ore (m)	[rip órɛ]

pila (f)	bateri (f)	[batɛrí]
essere scarico	e shkarkuar	[ɛ ʃkarkúar]
cambiare la pila	ndërroj baterinë	[ndərój batɛrínə]
andare avanti	kalon shpejt	[kalón ʃpéjt]
andare indietro	ngel prapa	[ŋɛl prápa]

orologio (m) da muro	orë muri (f)	[órə múri]
clessidra (f)	orë rëre (f)	[órə rərɛ]
orologio (m) solare	orë diellore (f)	[órə diɛɬórɛ]
sveglia (f)	orë me zile (f)	[órə mɛ zílɛ]

| orologiaio (m) | **orëndreqës** (m) | [orəndrécəs] |
| riparare (vt) | **ndreq** | [ndréc] |

L'ESPERIENZA QUOTIDIANA

T&P Books Publishing

soldi (m pl)	**para** (f)	[pará]
cambio (m)	**këmbim valutor** (m)	[kəmbím valutór]
corso (m) di cambio	**kurs këmbimi** (m)	[kurs kəmbími]
bancomat (m)	**bankomat** (m)	[bankomát]
moneta (f)	**monedhë** (f)	[monéðə]
dollaro (m)	**dollar** (m)	[dołár]
euro (m)	**euro** (f)	[éuro]
lira (f)	**lirë** (f)	[lírə]
marco (m)	**Marka gjermane** (f)	[márka ɟɛrmánɛ]
franco (m)	**franga** (f)	[fráŋa]
sterlina (f)	**sterlina angleze** (f)	[stɛrlína aŋlézɛ]
yen (m)	**jen** (m)	[jén]
debito (m)	**borxh** (m)	[bórdʒ]
debitore (m)	**debitor** (m)	[dɛbitór]
prestare (~ i soldi)	**jap hua**	[jap huá]
prendere in prestito	**marr hua**	[mar huá]
banca (f)	**bankë** (f)	[bánkə]
conto (m)	**llogari** (f)	[łogarí]
versare (vt)	**depozitoj**	[dɛpozitój]
versare sul conto	**depozitoj në llogari**	[dɛpozitój nə łogarí]
prelevare dal conto	**tërheq**	[tərhéc]
carta (f) di credito	**kartë krediti** (f)	[kártə krɛdíti]
contanti (m pl)	**kesh** (m)	[kɛʃ]
assegno (m)	**çek** (m)	[tʃɛk]
emettere un assegno	**lëshoj një çek**	[ləʃój ɲə tʃék]
libretto (m) di assegni	**bllok çeqesh** (m)	[błók tʃécɛʃ]
portafoglio (m)	**portofol** (m)	[portofól]
borsellino (m)	**kuletë** (f)	[kulétə]
cassaforte (f)	**kasafortë** (f)	[kasafórtə]
erede (m)	**trashëgimtar** (m)	[traʃəgimtár]
eredità (f)	**trashëgimi** (f)	[traʃəgimí]
fortuna (f)	**pasuri** (f)	[pasurí]
affitto (m), locazione (f)	**qira** (f)	[cirá]
canone (m) d'affitto	**qiraja** (f)	[cirája]
affittare (dare in affitto)	**marr me qira**	[mar mɛ cirá]
prezzo (m)	**çmim** (m)	[tʃmím]

| costo (m) | kosto (f) | [kósto] |
| somma (f) | shumë (f) | [ʃúmə] |

spendere (vt)	shpenzoj	[ʃpɛnzój]
spese (f pl)	shpenzime (f)	[ʃpɛnzímɛ]
economizzare (vi, vt)	kursej	[kurséj]
economico (agg)	ekonomik	[ɛkonomík]

pagare (vi, vt)	paguaj	[pagúaj]
pagamento (m)	pagesë (f)	[pagésə]
resto (m) (dare il ~)	kusur (m)	[kusúr]

imposta (f)	taksë (f)	[táksə]
multa (f), ammenda (f)	gjobë (f)	[ɟóbə]
multare (vt)	vendos gjobë	[vɛndós ɟóbə]

42. Posta. Servizio postale

ufficio (m) postale	zyrë postare (f)	[zýrə postárɛ]
posta (f) (lettere, ecc.)	postë (f)	[póstə]
postino (m)	postier (m)	[postiér]
orario (m) di apertura	orari i punës (m)	[orári i púnəs]

lettera (f)	letër (f)	[létər]
raccomandata (f)	letër rekomande (f)	[létər rɛkomándɛ]
cartolina (f)	kartolinë (f)	[kartolínə]
telegramma (m)	telegram (m)	[tɛlɛgrám]
pacco (m) postale	pako (f)	[páko]
vaglia (m) postale	transfer parash (m)	[transfér paráʃ]

ricevere (vt)	pranoj	[pranój]
spedire (vt)	dërgoj	[dərgój]
invio (m)	dërgesë (f)	[dərgésə]
indirizzo (m)	adresë (f)	[adrésə]
codice (m) postale	kodi postar (m)	[kódi postár]
mittente (m)	dërguesi (m)	[dərgúɛsi]
destinatario (m)	pranues (m)	[pranúɛs]

| nome (m) | emër (m) | [émər] |
| cognome (m) | mbiemër (m) | [mbiémər] |

tariffa (f)	tarifë postare (f)	[tarífə postárɛ]
ordinario (agg)	standard	[standárd]
standard (agg)	ekonomike	[ɛkonomíkɛ]

peso (m)	peshë (f)	[péʃə]
pesare (vt)	peshoj	[pɛʃój]
busta (f)	zarf (m)	[zarf]
francobollo (m)	pullë postare (f)	[púɫə postárɛ]
affrancare (vt)	vendos pullën postare	[vɛndós púɫən postárɛ]

43. Attività bancaria

banca (f)	bankë (f)	[bánkə]
filiale (f)	degë (f)	[dégə]

consulente (m)	punonjës banke (m)	[punóɲəs bánkɛ]
direttore (m)	drejtor (m)	[drɛjtór]

conto (m) bancario	llogari bankare (f)	[ɫogarí bankárɛ]
numero (m) del conto	numër llogarie (m)	[númər ɫogaríɛ]
conto (m) corrente	llogari rrjedhëse (f)	[ɫogarí rjéðəsɛ]
conto (m) di risparmio	llogari kursimesh (f)	[ɫogarí kursímɛʃ]

aprire un conto	hap një llogari	[hap ɲə ɫogarí]
chiudere il conto	mbyll një llogari	[mbýɫ ɲə ɫogarí]
versare sul conto	depozitoj në llogari	[dɛpozitój nə ɫogarí]
prelevare dal conto	tërheq	[tərhéc]
deposito (m)	depozitë (f)	[dɛpozítə]
depositare (vt)	kryej një depozitim	[krýɛj ɲə dɛpozitím]
trasferimento (m) telegrafico	transfer bankar (m)	[transfér bankár]
rimettere i soldi	transferoj para	[transfɛrój pará]

somma (f)	shumë (f)	[ʃúmə]
Quanto?	Sa?	[sa?]

firma (f)	nënshkrim (m)	[nənʃkrím]
firmare (vt)	nënshkruaj	[nənʃkrúaj]
carta (f) di credito	kartë krediti (f)	[kártə krɛdíti]
codice (m)	kodi PIN (m)	[kódi pin]
numero (m) della carta di credito	numri i kartës së kreditit (m)	[númri i kártəs sə krɛdítit]
bancomat (m)	bankomat (m)	[bankomát]

assegno (m)	çek (m)	[tʃɛk]
emettere un assegno	lëshoj një çek	[ləʃój ɲə tʃék]
libretto (m) di assegni	bllok çeqesh (m)	[bɫók tʃécɛʃ]

prestito (m)	kredi (f)	[krɛdí]
fare domanda per un prestito	aplikoj për kredi	[aplikój pər krɛdí]
ottenere un prestito	marr kredi	[mar krɛdí]
concedere un prestito	jap kredi	[jap krɛdí]
garanzia (f)	garanci (f)	[garantsí]

44. Telefono. Conversazione telefonica

telefono (m)	telefon (m)	[tɛlɛfón]
telefonino (m)	celular (m)	[tsɛlulár]

segreteria (f) telefonica	sekretari telefonike (f)	[sɛkrɛtarí tɛlɛfoníkɛ]
telefonare (vi, vt)	telefonoj	[tɛlɛfonój]
chiamata (f)	telefonatë (f)	[tɛlɛfonátə]

comporre un numero	i bie numrit	[i bíɛ númrit]
Pronto!	Përshëndetje!	[pərʃəndétjɛ!]
chiedere (domandare)	pyes	[pýɛs]
rispondere (vi, vt)	përgjigjem	[pərɟíɟɛm]

udire (vt)	dëgjoj	[dəɟój]
bene	mirë	[mírə]
male	jo mirë	[jo mírə]
disturbi (m pl)	zhurmë (f)	[ʒúrmə]

cornetta (f)	marrës (m)	[márəs]
alzare la cornetta	ngre telefonin	[ŋré tɛlɛfónin]
riattaccare la cornetta	mbyll telefonin	[mbýɬ tɛlɛfónin]

occupato (agg)	i zënë	[i zénə]
squillare (del telefono)	bie zilja	[bíɛ zílja]
elenco (m) telefonico	numerator telefonik (m)	[numɛratór tɛlɛfoník]

locale (agg)	lokale	[lokálɛ]
telefonata (f) urbana	thirrje lokale (f)	[θírjɛ lokálɛ]
interurbano (agg)	distancë e largët	[distántsə ɛ lárgət]
telefonata (f) interurbana	thirrje në distancë (f)	[θírjɛ nə distántsə]
internazionale (agg)	ndërkombëtar	[ndərkombətár]
telefonata (f) internazionale	thirrje ndërkombëtare (f)	[θírjɛ ndərkombətárɛ]

45. Telefono cellulare

telefonino (m)	celular (m)	[tsɛlulár]
schermo (m)	ekran (m)	[ɛkrán]
tasto (m)	buton (m)	[butón]
scheda SIM (f)	karta SIM (m)	[kárta sim]

pila (f)	bateri (f)	[batɛrí]
essere scarico	e shkarkuar	[ɛ ʃkarkúar]
caricabatteria (m)	karikues (m)	[karikúɛs]
menù (m)	menu (f)	[mɛnú]
impostazioni (f pl)	parametra (f)	[paramétra]
melodia (f)	melodi (f)	[mɛlodí]
scegliere (vt)	përzgjedh	[pərzɟéð]

calcolatrice (f)	makinë llogaritëse (f)	[makínə ɬogarítasɛ]
segreteria (f) telefonica	postë zanore (f)	[póstə zanórɛ]
sveglia (f)	alarm (m)	[alárm]
contatti (m pl)	kontakte (pl)	[kontáktɛ]
messaggio (m) SMS	SMS (m)	[ɛsɛmɛs]
abbonato (m)	abonent (m)	[abonént]

46. Articoli di cancelleria

penna (f) a sfera	stilolaps (m)	[stiloláps]
penna (f) stilografica	stilograf (m)	[stilográf]
matita (f)	laps (m)	[láps]
evidenziatore (m)	shënjues (m)	[ʃəɲúɛs]
pennarello (m)	tushë me bojë (f)	[túʃə mɛ bójə]
taccuino (m)	bllok shënimesh (m)	[bɫók ʃənímɛʃ]
agenda (f)	agjendë (f)	[aɟéndə]
righello (m)	vizore (f)	[vizórɛ]
calcolatrice (f)	makinë llogaritëse (f)	[makínə ɫogarítəsɛ]
gomma (f) per cancellare	gomë (f)	[gómə]
puntina (f)	pineskë (f)	[pinéskə]
graffetta (f)	kapëse fletësh (f)	[kápəsɛ flétəʃ]
colla (f)	ngjitës (m)	[nɟítəs]
pinzatrice (f)	ngjitës metalik (m)	[nɟítəs mɛtalík]
perforatrice (f)	hapës vrimash (m)	[hápəs vrímaʃ]
temperamatite (m)	mprehëse lapsash (m)	[mpréhəsɛ lápsaʃ]

47. Lingue straniere

lingua (f)	gjuhë (f)	[ɟúhə]
straniero (agg)	huaj	[húaj]
lingua (f) straniera	gjuhë e huaj (f)	[ɟúhə ɛ húaj]
studiare (vt)	studioj	[studiój]
imparare (una lingua)	mësoj	[məsój]
leggere (vi, vt)	lexoj	[lɛdzój]
parlare (vi, vt)	flas	[flas]
capire (vt)	kuptoj	[kuptój]
scrivere (vi, vt)	shkruaj	[ʃkrúaj]
rapidamente	shpejt	[ʃpɛjt]
lentamente	ngadalë	[ŋadálə]
correntemente	rrjedhshëm	[rjéðʃəm]
regole (f pl)	rregullat (pl)	[réguɫat]
grammatica (f)	gramatikë (f)	[gramatíkə]
lessico (m)	fjalor (m)	[fjalór]
fonetica (f)	fonetikë (f)	[fonɛtíkə]
manuale (m)	tekst mësimor (m)	[tɛkst məsimór]
dizionario (m)	fjalor (m)	[fjalór]
manuale (m) autodidattico	libër i mësimit autodidakt (m)	[líbər i məsímit autodidákt]

frasario (m)	libër frazeologjik (m)	[líbər frazɛoloʝík]
cassetta (f)	kasetë (f)	[kasétə]
videocassetta (f)	videokasetë (f)	[vidɛokasétə]
CD (m)	CD (f)	[tsɛdé]
DVD (m)	DVD (m)	[dividí]

alfabeto (m)	alfabet (m)	[alfabét]
compitare (vt)	gërmëzoj	[gərməzój]
pronuncia (f)	shqiptim (m)	[ʃciptím]

accento (m)	aksent (m)	[aksént]
con un accento	me aksent	[mɛ aksént]
senza accento	pa aksent	[pa aksént]

| vocabolo (m) | fjalë (f) | [fjálə] |
| significato (m) | kuptim (m) | [kuptím] |

corso (m) (~ di francese)	kurs (m)	[kurs]
iscriversi (vr)	regjistrohem	[rɛʝistróhɛm]
insegnante (m, f)	mësues (m)	[məsúɛs]

traduzione (f) (fare una ~)	përkthim (m)	[pərkθím]
traduzione (f) (un testo)	përkthim (m)	[pərkθím]
traduttore (m)	përkthyes (m)	[pərkθýɛs]
interprete (m)	përkthyes (m)	[pərkθýɛs]

| poliglotta (m) | poliglot (m) | [poliglót] |
| memoria (f) | kujtesë (f) | [kujtésə] |

T&P BOOKS

PASTI. RISTORANTE

T&P Books Publishing

48. Preparazione della tavola

cucchiaio (m)	**lugë** (f)	[lúgə]
coltello (m)	**thikë** (f)	[θíkə]
forchetta (f)	**pirun** (m)	[pirún]
tazza (f)	**filxhan** (m)	[fildʒán]
piatto (m)	**pjatë** (f)	[pjátə]
piattino (m)	**pjatë filxhani** (f)	[pjátə fildʒáni]
tovagliolo (m)	**pecetë** (f)	[pɛtsétə]
stuzzicadenti (m)	**kruajtëse dhëmbësh** (f)	[krúajtəsɛ ðə́mbəʃ]

49. Ristorante

ristorante (m)	**restorant** (m)	[rɛstoránt]
caffè (m)	**kafene** (f)	[kafɛné]
pub (m), bar (m)	**pab** (m), **pijetore** (f)	[pab], [pijɛtórɛ]
sala (f) da tè	**çajtore** (f)	[tʃajtórɛ]
cameriere (m)	**kamerier** (m)	[kamɛriér]
cameriera (f)	**kameriere** (f)	[kamɛriérɛ]
barista (m)	**banakier** (m)	[banakiér]
menù (m)	**menu** (f)	[mɛnú]
lista (f) dei vini	**menu verërash** (f)	[mɛnú vérəraʃ]
prenotare un tavolo	**rezervoj një tavolinë**	[rɛzɛrvój ɲə tavolínə]
piatto (m)	**pjatë** (f)	[pjátə]
ordinare (~ il pranzo)	**porosis**	[porosís]
fare un'ordinazione	**bëj porosinë**	[bəj porosínə]
aperitivo (m)	**aperitiv** (m)	[apɛritív]
antipasto (m)	**antipastë** (f)	[antipástə]
dolce (m)	**ëmbëlsirë** (f)	[əmbəlsírə]
conto (m)	**faturë** (f)	[fatúrə]
pagare il conto	**paguaj faturën**	[pagúaj fatúrən]
dare il resto	**jap kusur**	[jap kusúr]
mancia (f)	**bakshish** (m)	[bakʃíʃ]

50. Pasti

cibo (m)	**ushqim** (m)	[uʃcím]
mangiare (vi, vt)	**ha**	[ha]

colazione (f)	mëngjes (m)	[mənɟés]
fare colazione	ha mëngjes	[ha mənɟés]
pranzo (m)	drekë (f)	[drékə]
pranzare (vi)	ha drekë	[ha drékə]
cena (f)	darkë (f)	[dárkə]
cenare (vi)	ha darkë	[ha dárkə]

| appetito (m) | oreks (m) | [oréks] |
| Buon appetito! | Të bëftë mirë! | [tə bəftə mírə!] |

aprire (vt)	hap	[hap]
rovesciare (~ il vino, ecc.)	derdh	[dérð]
rovesciarsi (vr)	derdhje	[dérðjɛ]

bollire (vi)	ziej	[zíɛj]
far bollire	ziej	[zíɛj]
bollito (agg)	i zier	[i zíɛr]
raffreddare (vt)	ftoh	[ftoh]
raffreddarsi (vr)	ftohje	[ftóhjɛ]

| gusto (m) | shije (f) | [ʃíjɛ] |
| retrogusto (m) | shije (f) | [ʃíjɛ] |

essere a dieta	dobësohem	[dobəsóhɛm]
dieta (f)	dietë (f)	[diétə]
vitamina (f)	vitaminë (f)	[vitamínə]
caloria (f)	kalori (f)	[kalorí]
vegetariano (m)	vegjetarian (m)	[vɛɟɛtarián]
vegetariano (agg)	vegjetarian	[vɛɟɛtarián]

grassi (m pl)	yndyrë (f)	[yndýrə]
proteine (f pl)	proteinë (f)	[protɛínə]
carboidrati (m pl)	karbohidrat (m)	[karbohidrát]

fetta (f), fettina (f)	fetë (f)	[fétə]
pezzo (m) (~ di torta)	copë (f)	[tsópə]
briciola (f) (~ di pane)	dromcë (f)	[drómtsə]

51. Pietanze cucinate

piatto (m) (~ principale)	pjatë (f)	[pjátə]
cucina (f)	kuzhinë (f)	[kuʒínə]
ricetta (f)	recetë (f)	[rɛtsétə]
porzione (f)	racion (m)	[ratsión]

| insalata (f) | sallatë (f) | [saɫátə] |
| minestra (f) | supë (f) | [súpə] |

| brodo (m) | lëng mishi (m) | [ləŋ míʃi] |
| panino (m) | sandviç (m) | [sandvítʃ] |

uova (f pl) al tegamino	vezë të skuqura (pl)	[véze te skúcura]
hamburger (m)	hamburger	[hamburgér]
bistecca (f)	biftek (m)	[bifték]

contorno (m)	garniturë (f)	[garnitúre]
spaghetti (m pl)	shpageti (pl)	[ʃpagéti]
purè (m) di patate	pure patatesh (f)	[puré patátɛʃ]
pizza (f)	pica (f)	[pítsa]
porridge (m)	qull (m)	[cuɫ]
frittata (f)	omëletë (f)	[omeléte]

bollito (agg)	i zier	[i zíɛr]
affumicato (agg)	i tymosur	[i tymósur]
fritto (agg)	i skuqur	[i skúcur]
secco (agg)	i tharë	[i θáre]
congelato (agg)	i ngrirë	[i ŋríre]
sottoaceto (agg)	i marinuar	[i marinúar]

dolce (gusto)	i ëmbël	[i émbel]
salato (agg)	i kripur	[i krípur]
freddo (agg)	i ftohtë	[i ftóhte]
caldo (agg)	i nxehtë	[i ndzéhte]
amaro (agg)	i hidhur	[i híður]
buono, gustoso (agg)	i shijshëm	[i ʃíjʃem]

cuocere, preparare (vt)	ziej	[zíɛj]
cucinare (vi)	gatuaj	[gatúaj]
friggere (vt)	skuq	[skuc]
riscaldare (vt)	ngroh	[ŋróh]

salare (vt)	hedh kripë	[hɛð krípe]
pepare (vt)	hedh piper	[hɛð pipér]
grattugiare (vt)	rendoj	[rɛndój]
buccia (f)	lëkurë (f)	[lekúre]
sbucciare (vt)	qëroj	[cerój]

52. Cibo

carne (f)	mish (m)	[miʃ]
pollo (m)	pulë (f)	[púle]
pollo (m) novello	mish pule (m)	[miʃ púlɛ]
anatra (f)	rosë (f)	[róse]
oca (f)	patë (f)	[páte]
cacciagione (f)	gjah (m)	[ɟáh]
tacchino (m)	mish gjel deti (m)	[miʃ ɟɛl déti]

maiale (m)	mish derri (m)	[miʃ déri]
vitello (m)	mish viçi (m)	[miʃ vítʃi]
agnello (m)	mish qengji (m)	[miʃ cénɟi]
manzo (m)	mish lope (m)	[miʃ lópɛ]

coniglio (m)	mish lepuri (m)	[miʃ lépuri]
salame (m)	salsiçe (f)	[salsítʃɛ]
w?rstel (m)	salsiçe vjeneze (f)	[salsítʃɛ vjɛnézɛ]
pancetta (f)	proshutë (f)	[proʃútə]
prosciutto (m)	sallam (m)	[saɫám]
prosciutto (m) affumicato	kofshë derri (f)	[kófʃə déri]

pâté (m)	pate (f)	[paté]
fegato (m)	mëlçi (f)	[məltʃí]
carne (f) trita	hamburger (m)	[hamburgér]
lingua (f)	gjuhë (f)	[ɟúhə]

uovo (m)	ve (f)	[vɛ]
uova (f pl)	vezë (pl)	[vézə]
albume (m)	e bardhë veze (f)	[ɛ bárðə vézɛ]
tuorlo (m)	e verdhë veze (f)	[ɛ vérðə vézɛ]

pesce (m)	peshk (m)	[pɛʃk]
frutti (m pl) di mare	fruta deti (pl)	[frúta déti]
crostacei (m pl)	krustace (pl)	[krustátsɛ]
caviale (m)	havjar (m)	[havjár]

granchio (m)	gaforre (f)	[gafórɛ]
gamberetto (m)	karkalec (m)	[karkaléts]
ostrica (f)	midhje (f)	[míðjɛ]
aragosta (f)	karavidhe (f)	[karavíðɛ]
polpo (m)	oktapod (m)	[oktapód]
calamaro (m)	kallamarë (f)	[kaɫamárə]

storione (m)	bli (m)	[blí]
salmone (m)	salmon (m)	[salmón]
ippoglosso (m)	shojzë e Atlantikut Verior (f)	[ʃójzə ɛ atlantíkut vɛriór]

merluzzo (m)	merluc (m)	[mɛrlúts]
scombro (m)	skumbri (m)	[skúmbri]
tonno (m)	tunë (f)	[túnə]
anguilla (f)	ngjalë (f)	[nɟálə]

trota (f)	troftë (f)	[tróftə]
sardina (f)	sardele (f)	[sardélɛ]
luccio (m)	mlysh (m)	[mlýʃ]
aringa (f)	harengë (f)	[haréŋə]

pane (m)	bukë (f)	[búkə]
formaggio (m)	djath (m)	[djáθ]
zucchero (m)	sheqer (m)	[ʃɛcér]
sale (m)	kripë (f)	[krípə]

riso (m)	oriz (m)	[oríz]
pasta (f)	makarona (f)	[makaróna]
tagliatelle (f pl)	makarona petë (f)	[makaróna pétə]

burro (m)	gjalp (m)	[ɟalp]
olio (m) vegetale	vaj vegjetal (m)	[vaj vɛɟɛtál]
olio (m) di girasole	vaj luledielli (m)	[vaj lulɛdiéɫi]
margarina (f)	margarinë (f)	[margarínə]

olive (f pl)	ullinj (pl)	[uɫíɲ]
olio (m) d'oliva	vaj ulliri (m)	[vaj uɫíri]

latte (m)	qumësht (m)	[cúməʃt]
latte (m) condensato	qumësht i kondensuar (m)	[cúməʃt i kondɛnsúar]
yogurt (m)	kos (m)	[kos]
panna (f) acida	salcë kosi (f)	[sáltsə kosi]
panna (f)	krem qumështi (m)	[krɛm cúməʃti]

maionese (m)	majonezë (f)	[majonézə]
crema (f)	krem gjalpi (m)	[krɛm ɟálpi]

cereali (m pl)	drithëra (pl)	[dríθəra]
farina (f)	miell (m)	[míɛɫ]
cibi (m pl) in scatola	konserva (f)	[konsérva]

fiocchi (m pl) di mais	kornfleiks (m)	[kornfléiks]
miele (m)	mjaltë (f)	[mjáltə]
marmellata (f)	reçel (m)	[rɛtʃél]
gomma (f) da masticare	çamçakëz (m)	[tʃamtʃakéz]

53. Bevande

acqua (f)	ujë (m)	[újə]
acqua (f) potabile	ujë i pijshëm (m)	[újə i píʃʃəm]
acqua (f) minerale	ujë mineral (m)	[újə minɛrál]

liscia (non gassata)	ujë natyral	[újə natyrál]
gassata (agg)	ujë i karbonuar	[újə i karbonúar]
frizzante (agg)	ujë i gazuar	[újə i gazúar]
ghiaccio (m)	akull (m)	[ákuɫ]
con ghiaccio	me akull	[mɛ ákuɫ]

analcolico (agg)	jo alkoolik	[jo alkoolík]
bevanda (f) analcolica	pije e lehtë (f)	[píjɛ ɛ léhtə]
bibita (f)	pije freskuese (f)	[píjɛ frɛskúɛsɛ]
limonata (f)	limonadë (f)	[limonádə]

bevande (f pl) alcoliche	likere (pl)	[likérɛ]
vino (m)	verë (f)	[vérə]
vino (m) bianco	verë e bardhë (f)	[vérə ɛ bárðə]
vino (m) rosso	verë e kuqe (f)	[vérə ɛ kúcɛ]

liquore (m)	liker (m)	[likér]
champagne (m)	shampanjë (f)	[ʃampáɲə]

vermouth (m)	vermut (m)	[vɛrmút]
whisky	uiski (m)	[víski]
vodka (f)	vodkë (f)	[vódkə]
gin (m)	xhin (m)	[dʒin]
cognac (m)	konjak (m)	[koɲák]
rum (m)	rum (m)	[rum]

caffè (m)	kafe (f)	[káfɛ]
caffè (m) nero	kafe e zezë (f)	[káfɛ ɛ zézə]
caffè latte (m)	kafe me qumësht (m)	[káfɛ mɛ cúməʃt]
cappuccino (m)	kapuçino (m)	[kaputʃíno]
caffè (m) solubile	neskafe (f)	[nɛskáfɛ]

latte (m)	qumësht (m)	[cúməʃt]
cocktail (m)	koktej (m)	[koktéj]
frullato (m)	milkshake (f)	[milkʃákɛ]

succo (m)	lëng frutash (m)	[ləŋ frútaʃ]
succo (m) di pomodoro	lëng domatesh (m)	[ləŋ domátɛʃ]
succo (m) d'arancia	lëng portokalli (m)	[ləŋ portokáɫi]
spremuta (f)	lëng frutash i freskët (m)	[ləŋ frútaʃ i fréskət]

birra (f)	birrë (f)	[bírə]
birra (f) chiara	birrë e lehtë (f)	[bírə ɛ léhtə]
birra (f) scura	birrë e zezë (f)	[bírə ɛ zézə]

tè (m)	çaj (m)	[tʃáj]
tè (m) nero	çaj i zi (m)	[tʃáj i zí]
tè (m) verde	çaj jeshil (m)	[tʃáj jɛʃíl]

54. Verdure

| ortaggi (m pl) | perime (pl) | [pɛrímɛ] |
| verdura (f) | zarzavate (pl) | [zarzavátɛ] |

pomodoro (m)	domate (f)	[domátɛ]
cetriolo (m)	kastravec (m)	[kastravéts]
carota (f)	karotë (f)	[kɑrótə]
patata (f)	patate (f)	[patátɛ]
cipolla (f)	qepë (f)	[cépə]
aglio (m)	hudhër (f)	[húðər]

cavolo (m)	lakër (f)	[lákər]
cavolfiore (m)	lulelakër (f)	[lulɛlákər]
cavoletti (m pl) di Bruxelles	lakër Brukseli (f)	[lákər brukɛóli]
broccolo (m)	brokoli (m)	[brókoli]

barbabietola (f)	panxhar (m)	[pandʒár]
melanzana (f)	patëllxhan (m)	[patəɫdʒán]
zucchina (f)	kungulleshë (m)	[kuɲuɫéʃə]

| zucca (f) | kungull (m) | [kúŋuɫ] |
| rapa (f) | rrepë (f) | [répə] |

prezzemolo (m)	majdanoz (m)	[majdanóz]
aneto (m)	kopër (f)	[kópər]
lattuga (f)	sallatë jeshile (f)	[saɫátə jɛʃílɛ]
sedano (m)	selino (f)	[sɛlíno]
asparago (m)	asparagus (m)	[asparágus]
spinaci (m pl)	spinaq (m)	[spinác]

pisello (m)	bizele (f)	[bizélɛ]
fave (f pl)	fasule (f)	[fasúlɛ]
mais (m)	misër (m)	[mísər]
fagiolo (m)	groshë (f)	[gróʃə]

peperone (m)	spec (m)	[spɛts]
ravanello (m)	rrepkë (f)	[répkə]
carciofo (m)	angjinare (f)	[anɟinárɛ]

55. Frutta. Noci

frutto (m)	frut (m)	[frut]
mela (f)	mollë (f)	[móɫə]
pera (f)	dardhë (f)	[dárðə]
limone (m)	limon (m)	[limón]
arancia (f)	portokall (m)	[portokáɫ]
fragola (f)	luleshtrydhe (f)	[lulɛʃtrýðɛ]

mandarino (m)	mandarinë (f)	[mandarínə]
prugna (f)	kumbull (f)	[kúmbuɫ]
pesca (f)	pjeshkë (f)	[pjéʃkə]
albicocca (f)	kajsi (f)	[kajsí]
lampone (m)	mjedër (f)	[mjédər]
ananas (m)	ananas (m)	[ananás]

banana (f)	banane (f)	[banánɛ]
anguria (f)	shalqi (m)	[ʃalcí]
uva (f)	rrush (m)	[ruʃ]
amarena (f)	qershi vishnje (f)	[cɛrʃí víʃɲɛ]
ciliegia (f)	qershi (f)	[cɛrʃí]
melone (m)	pjepër (m)	[pjépər]

pompelmo (m)	grejpfrut (m)	[grɛjpfrút]
avocado (m)	avokado (f)	[avokádo]
papaia (f)	papaja (f)	[papája]
mango (m)	mango (f)	[máŋo]
melagrana (f)	shegë (f)	[ʃégə]

| ribes (m) rosso | kaliboba e kuqe (f) | [kalibóba ɛ kúcɛ] |
| ribes (m) nero | kaliboba e zezë (f) | [kalibóba ɛ zézə] |

uva (f) spina	kulumbri (f)	[kulumbrí]
mirtillo (m)	boronicë (f)	[boronítsə]
mora (f)	manaferra (f)	[manaféra]

uvetta (f)	rrush i thatë (m)	[ruʃ i θátə]
fico (m)	fik (m)	[fik]
dattero (m)	hurmë (f)	[húrmə]

arachide (f)	kikirik (m)	[kikirík]
mandorla (f)	bajame (f)	[bajámɛ]
noce (f)	arrë (f)	[árə]
nocciola (f)	lajthi (f)	[lajθí]
noce (f) di cocco	arrë kokosi (f)	[árə kokósi]
pistacchi (m pl)	fëstëk (m)	[fəsték]

56. Pane. Dolci

pasticceria (f)	ëmbëlsira (pl)	[əmbəlsíra]
pane (m)	bukë (f)	[búkə]
biscotti (m pl)	biskota (pl)	[biskóta]

cioccolato (m)	çokollatë (f)	[tʃokołátə]
al cioccolato (agg)	prej çokollate	[prɛj tʃokołátɛ]
caramella (f)	karamele (f)	[karamélɛ]
tortina (f)	kek (m)	[kék]
torta (f)	tortë (f)	[tórtə]

crostata (f)	tortë (f)	[tórtə]
ripieno (m)	mbushje (f)	[mbúʃɛ]

marmellata (f)	reçel (m)	[rɛtʃél]
marmellata (f) di agrumi	marmelatë (f)	[marmɛlátə]
wafer (m)	vafera (pl)	[vaféra]
gelato (m)	akullore (f)	[akułórɛ]
budino (m)	puding (m)	[pudíŋ]

57. Spezie

sale (m)	kripë (f)	[krípə]
salato (agg)	i kripur	[i krípur]
salare (vt)	hedh kripë	[hɛð krípə]

pepe (m) nero	piper i zi (m)	[pipér i zi]
peperoncino (m)	piper i kuq (m)	[pipér i kuc]
senape (f)	mustardë (f)	[mustárdə]
cren (m)	rrepë djegëse (f)	[répə djégəsɛ]
condimento (m)	salcë (f)	[sáltsə]
spezie (f pl)	erëz (f)	[érəz]

salsa (f)	**salcë** (f)	[sáltsə]
aceto (m)	**uthull** (f)	[úθuɫ]
anice (m)	**anisetë** (f)	[anisétə]
basilico (m)	**borzilok** (m)	[bɔrzilók]
chiodi (m pl) di garofano	**karafil** (m)	[karafíl]
zenzero (m)	**xhenxhefil** (m)	[dʒɛndʒɛfíl]
coriandolo (m)	**koriandër** (m)	[kɔriándər]
cannella (f)	**kanellë** (f)	[kanéɫə]
sesamo (m)	**susam** (m)	[susám]
alloro (m)	**gjeth dafine** (m)	[ɟɛθ dafínɛ]
paprica (f)	**spec** (m)	[spɛts]
cumino (m)	**kumin** (m)	[kumín]
zafferano (m)	**shafran** (m)	[ʃafrán]

T&P BOOKS

INFORMAZIONI PERSONALI. FAMIGLIA

T&P Books Publishing

58. Informazioni personali. Moduli

nome (m)	emër (m)	[émər]
cognome (m)	mbiemër (m)	[mbiémər]
data (f) di nascita	datëlindje (f)	[datəlíndjɛ]
luogo (m) di nascita	vendlindje (f)	[vɛndlíndjɛ]
nazionalità (f)	kombësi (f)	[kombəsí]
domicilio (m)	vendbanim (m)	[vɛndbaním]
paese (m)	shtet (m)	[ʃtɛt]
professione (f)	profesion (m)	[profɛsión]
sesso (m)	gjinia (f)	[ɟinía]
statura (f)	gjatësia (f)	[ɟatəsía]
peso (m)	peshë (f)	[péʃə]

59. Membri della famiglia. Parenti

madre (f)	nënë (f)	[nénə]
padre (m)	baba (f)	[babá]
figlio (m)	bir (m)	[bir]
figlia (f)	bijë (f)	[bíjə]
figlia (f) minore	vajza e vogël (f)	[vájza ɛ vógəl]
figlio (m) minore	djali i vogël (m)	[djáli i vógəl]
figlia (f) maggiore	vajza e madhe (f)	[vájza ɛ máðɛ]
figlio (m) maggiore	djali i vogël (m)	[djáli i vógəl]
fratello (m)	vëlla (m)	[vətá]
fratello (m) maggiore	vëllai i madh (m)	[vətái i mað]
fratello (m) minore	vëllai i vogël (m)	[vətái i vógəl]
sorella (f)	motër (f)	[mótər]
sorella (f) maggiore	motra e madhe (f)	[mótra ɛ máðɛ]
sorella (f) minore	motra e vogël (f)	[mótra ɛ vógəl]
cugino (m)	kushëri (m)	[kuʃərí]
cugina (f)	kushërirë (f)	[kuʃərírə]
mamma (f)	mami (f)	[mámi]
papà (m)	babi (m)	[bábi]
genitori (m pl)	prindër (pl)	[príndər]
bambino (m)	fëmijë (f)	[fəmíjə]
bambini (m pl)	fëmijë (pl)	[fəmíjə]
nonna (f)	gjyshe (f)	[ɟýʃɛ]

nonno (m)	gjysh (m)	[ɟyʃ]
nipote (m) (figlio di un figlio)	nip (m)	[nip]
nipote (f)	mbesë (f)	[mbésə]
nipoti (pl)	nipër e mbesa (pl)	[nípər ɛ mbésa]

zio (m)	dajë (f)	[dájə]
zia (f)	teze (f)	[tézɛ]
nipote (m) (figlio di un fratello)	nip (m)	[nip]
nipote (f)	mbesë (f)	[mbésə]

suocera (f)	vjehrrë (f)	[vjéhrə]
suocero (m)	vjehrri (m)	[vjéhri]
genero (m)	dhëndër (m)	[ðéndər]
matrigna (f)	njerkë (f)	[ɲérkə]
patrigno (m)	njerk (m)	[ɲérk]

neonato (m)	foshnjë (f)	[fóʃnə]
infante (m)	fëmijë (f)	[fəmíjə]
bimbo (m), ragazzino (m)	djalosh (m)	[djalóʃ]

moglie (f)	bashkëshorte (f)	[baʃkəʃórtɛ]
marito (m)	bashkëshort (m)	[baʃkəʃórt]
coniuge (m)	bashkëshort (m)	[baʃkəʃórt]
coniuge (f)	bashkëshorte (f)	[baʃkəʃórtɛ]

sposato (agg)	i martuar	[i martúar]
sposata (agg)	e martuar	[ɛ martúar]
celibe (agg)	beqar	[bɛcár]
scapolo (m)	beqar (m)	[bɛcár]
divorziato (agg)	i divorcuar	[i divortsúar]
vedova (f)	vejushë (f)	[vɛjúʃə]
vedovo (m)	vejan (m)	[vɛján]

parente (m)	kushëri (m)	[kuʃərí]
parente (m) stretto	kushëri i afërt (m)	[kuʃərí i áfərt]
parente (m) lontano	kushëri i largët (m)	[kuʃərí i lárgət]
parenti (m pl)	kushërinj (pl)	[kuʃəríɲ]

orfano (m)	jetim (m)	[jctím]
orfana (f)	jetime (f)	[jɛtímɛ]
tutore (m)	kujdestar (m)	[kujdɛstár]
adottare (~ un bambino)	adoptoj	[adoptój]
adottare (~ una bambina)	adoptoj	[adoptój]

60. Amici. Colleghi

amico (m)	mik (m)	[mik]
amica (f)	mike (f)	[míkɛ]
amicizia (f)	miqësi (f)	[micəsí]

essere amici	të miqësohem	[tǝ micǝsóhɛm]
amico (m) (inform.)	shok (m)	[ʃok]
amica (f) (inform.)	shoqe (f)	[ʃócɛ]
partner (m)	partner (m)	[partnér]
capo (m)	shef (m)	[ʃɛf]
capo (m), superiore (m)	epror (m)	[ɛprór]
proprietario (m)	pronar (m)	[pronár]
subordinato (m)	vartës (m)	[vártǝs]
collega (m)	koleg (m)	[kolég]
conoscente (m)	i njohur (m)	[i ɲóhur]
compagno (m) di viaggio	bashkudhëtar (m)	[baʃkuðǝtár]
compagno (m) di classe	shok klase (m)	[ʃok klásɛ]
vicino (m)	komshi (m)	[komʃí]
vicina (f)	komshike (f)	[komʃíkɛ]
vicini (m pl)	komshinj (pl)	[komʃíɲ]

T&P BOOKS

CORPO UMANO. MEDICINALI

T&P Books Publishing

testa (f)	**kokë** (f)	[kókə]
viso (m)	**fytyrë** (f)	[fytýrə]
naso (m)	**hundë** (f)	[húndə]
bocca (f)	**gojë** (f)	[gójə]
occhio (m)	**sy** (m)	[sy]
occhi (m pl)	**sytë**	[sýtə]
pupilla (f)	**bebëz** (f)	[bébəz]
sopracciglio (m)	**vetull** (f)	[vétuɫ]
ciglio (m)	**qerpik** (m)	[cɛɾpík]
palpebra (f)	**qepallë** (f)	[cɛpáɫə]
lingua (f)	**gjuhë** (f)	[ɟúhə]
dente (m)	**dhëmb** (m)	[ðəmb]
labbra (f pl)	**buzë** (f)	[búzə]
zigomi (m pl)	**mollëza** (f)	[móɫəza]
gengiva (f)	**mishrat e dhëmbëve**	[míʃrat ɛ ðəmbəvɛ]
palato (m)	**qiellzë** (f)	[ciéɫzə]
narici (f pl)	**vrimat e hundës** (pl)	[vrímat ɛ húndəs]
mento (m)	**mjekër** (f)	[mjékər]
mascella (f)	**nofull** (f)	[nófuɫ]
guancia (f)	**faqe** (f)	[fácɛ]
fronte (f)	**ball** (m)	[báɫ]
tempia (f)	**tëmth** (m)	[təmθ]
orecchio (m)	**vesh** (m)	[vɛʃ]
nuca (f)	**zverk** (m)	[zvɛɾk]
collo (m)	**qafë** (f)	[cáfə]
gola (f)	**fyt** (m)	[fyt]
capelli (m pl)	**flokë** (pl)	[flókə]
pettinatura (f)	**model flokësh** (m)	[modél flókəʃ]
taglio (m)	**prerje flokësh** (f)	[prérjɛ flókəʃ]
parrucca (f)	**paruke** (f)	[parúkɛ]
baffi (m pl)	**mustaqe** (f)	[mustácɛ]
barba (f)	**mjekër** (f)	[mjékər]
portare (~ la barba, ecc.)	**lë mjekër**	[lə mjékər]
treccia (f)	**gërshet** (m)	[gərʃét]
basette (f pl)	**baseta** (f)	[baséta]
rosso (agg)	**flokëkuqe**	[flokəkúcɛ]
brizzolato (agg)	**thinja**	[θíɲa]

| calvo (agg) | qeros | [cɛrós] |
| calvizie (f) | tullë (f) | [tútə] |

| coda (f) di cavallo | bishtalec (m) | [biʃtaléts] |
| frangetta (f) | balluke (f) | [batúkɛ] |

62. Corpo umano

| mano (f) | dorë (f) | [dórə] |
| braccio (m) | krah (m) | [krah] |

dito (m)	gisht i dorës (m)	[gíʃt i dórəs]
dito (m) del piede	gisht i këmbës (m)	[gíʃt i kémbəs]
pollice (m)	gishti i madh (m)	[gíʃti i máð]
mignolo (m)	gishti i vogël (m)	[gíʃti i vógəl]
unghia (f)	thua (f)	[θúa]

pugno (m)	grusht (m)	[grúʃt]
palmo (m)	pëllëmbë dore (f)	[pətémbə dórɛ]
polso (m)	kyç (m)	[kytʃ]
avambraccio (m)	parakrah (m)	[parakráh]
gomito (m)	bërryl (m)	[bərýl]
spalla (f)	shpatull (f)	[ʃpátut]

gamba (f)	këmbë (f)	[kémbə]
pianta (f) del piede	shputë (f)	[ʃpútə]
ginocchio (m)	gju (m)	[ɟú]
polpaccio (m)	pulpë (f)	[púlpə]

| anca (f) | ijë (f) | [íjə] |
| tallone (m) | thembër (f) | [θémbər] |

corpo (m)	trup (m)	[trup]
pancia (f)	stomak (m)	[stomák]
petto (m)	kraharor (m)	[kraharór]
seno (m)	gjoks (m)	[ɟóks]
fianco (m)	krah (m)	[krah]
schiena (f)	kurriz (m)	[kuríz]

| zona (f) lombare | fundshpina (f) | [fundʃpína] |
| vita (f) | beli (m) | [béli] |

ombelico (m)	kërthizë (f)	[kərθízə]
natiche (f pl)	vithe (f)	[víθɛ]
sedere (m)	prapanica (f)	[prapanítsa]

neo (m)	nishan (m)	[niʃán]
voglia (f) (~ di fragola)	shenjë lindjeje (f)	[ʃéɲə líndjɛjɛ]
tatuaggio (m)	tatuazh (m)	[tatuáʒ]
cicatrice (f)	shenjë (f)	[ʃéɲə]

63. Malattie

malattia (f)	sëmundje (f)	[səmúndjɛ]
essere malato	jam sëmurë	[jam səmúrə]
salute (f)	shëndet (m)	[ʃəndét]
raffreddore (m)	rrifë (f)	[rífə]
tonsillite (f)	grykët (m)	[grýkət]
raffreddore (m)	ftohje (f)	[ftóhjɛ]
raffreddarsi (vr)	ftohem	[ftóhɛm]
bronchite (f)	bronkit (m)	[bronkít]
polmonite (f)	pneumoni (f)	[pnɛumoní]
influenza (f)	grip (m)	[grip]
miope (agg)	miop	[mióp]
presbite (agg)	presbit	[prɛsbít]
strabismo (m)	strabizëm (m)	[strabízəm]
strabico (agg)	strabik	[strabík]
cateratta (f)	katarakt (m)	[katarákt]
glaucoma (m)	glaukoma (f)	[glaukóma]
ictus (m) cerebrale	goditje (f)	[godítjɛ]
attacco (m) di cuore	sulm në zemër (m)	[sulm nə zémər]
infarto (m) miocardico	infarkt miokardiak (m)	[infárkt miokardiák]
paralisi (f)	paralizë (f)	[paralízə]
paralizzare (vt)	paralizoj	[paralizój]
allergia (f)	alergji (f)	[alɛrɟí]
asma (f)	astmë (f)	[ástmə]
diabete (m)	diabet (m)	[diabét]
mal (m) di denti	dhimbje dhëmbi (f)	[ðímbjɛ ðə́mbi]
carie (f)	karies (m)	[kariés]
diarrea (f)	diarre (f)	[diaré]
stitichezza (f)	kapsllëk (m)	[kapsɫə́k]
disturbo (m) gastrico	dispepsi (f)	[dispɛpsí]
intossicazione (f) alimentare	helmim (m)	[hɛlmím]
intossicarsi (vr)	helmohem nga ushqimi	[hɛlmóhɛm ŋa uʃcími]
artrite (f)	artrit (m)	[artrít]
rachitide (f)	rakit (m)	[rakít]
reumatismo (m)	reumatizëm (m)	[rɛumatízəm]
aterosclerosi (f)	arteriosklerozë (f)	[artɛrioskɛrózə]
gastrite (f)	gastrit (m)	[gastrít]
appendicite (f)	apendicit (m)	[apɛnditsít]
colecistite (f)	kolecistit (m)	[kolɛtsistít]
ulcera (f)	ulcerë (f)	[ultsérə]

morbillo (m)	fruth (m)	[fruθ]
rosolia (f)	rubeola (f)	[rubɛóla]
itterizia (f)	verdhëza (f)	[vérðəza]
epatite (f)	hepatit (m)	[hɛpatít]

schizofrenia (f)	skizofreni (f)	[skizofrɛní]
rabbia (f)	sëmundje e tërbimit (f)	[səmúndjɛ ɛ tərbímit]
nevrosi (f)	neurozë (f)	[nɛurózə]
commozione (f) cerebrale	tronditje (f)	[trondítjɛ]

cancro (m)	kancer (m)	[kantsér]
sclerosi (f)	sklerozë (f)	[sklɛrózə]
sclerosi (f) multipla	sklerozë e shumëfishtë (f)	[sklɛrózə ɛ ʃuməfíʃtə]

alcolismo (m)	alkoolizëm (m)	[alkoolízəm]
alcolizzato (m)	alkoolik (m)	[alkoolík]
sifilide (f)	sifiliz (m)	[sifilíz]
AIDS (m)	SIDA (f)	[sída]

tumore (m)	tumor (m)	[tumór]
maligno (agg)	malinj	[malíɲ]
benigno (agg)	beninj	[bɛníɲ]

febbre (f)	ethe (f)	[éθɛ]
malaria (f)	malarie (f)	[malaríɛ]
cancrena (f)	gangrenë (f)	[gaɲrénə]
mal (m) di mare	sëmundje deti (f)	[səmúndjɛ déti]
epilessia (f)	epilepsi (f)	[ɛpilɛpsí]

epidemia (f)	epidemi (f)	[ɛpidɛmí]
tifo (m)	tifo (f)	[tífo]
tubercolosi (f)	tuberkuloz (f)	[tubɛrkulóz]
colera (m)	kolerë (f)	[kolérə]
peste (f)	murtaja (f)	[murtája]

64. Sintomi. Cure. Parte 1

sintomo (m)	simptomë (f)	[simptómə]
temperatura (f)	temperaturë (f)	[tɛmpɛratúrə]
febbre (f) alta	temperaturë e lartë (f)	[tɛmpɛratúrə ɛ lártə]
polso (m)	puls (m)	[puls]

capogiro (m)	marrje mendsh (m)	[márjɛ méndʃ]
caldo (agg)	i nxehtë	[i ndzéhtə]
brivido (m)	drithërima (f)	[driθəríma]
pallido (un viso ~)	i zbehur	[i zbéhur]

tosse (f)	kollë (f)	[kótə]
tossire (vi)	kollitem	[koɫítɛm]
starnutire (vi)	teshtij	[tɛʃtíj]

svenimento (m)	të fikët (f)	[tə fíkət]
svenire (vi)	bie të fikët	[bíɛ tə fíkət]
livido (m)	mavijosje (f)	[mavijósjɛ]
bernoccolo (m)	gungë (f)	[gúŋə]
farsi un livido	godas	[godás]
contusione (f)	lëndim (m)	[ləndím]
farsi male	lëndohem	[ləndóhɛm]
zoppicare (vi)	çaloj	[tʃalój]
slogatura (f)	dislokim (m)	[dislokím]
slogarsi (vr)	del nga vendi	[dɛl ŋa véndi]
frattura (f)	thyerje (f)	[θýɛrjɛ]
fratturarsi (vr)	thyej	[θýɛj]
taglio (m)	e prerë (f)	[ɛ prérə]
tagliarsi (vr)	pres veten	[prɛs vétɛn]
emorragia (f)	rrjedhje gjaku (f)	[rjéðjɛ ɟáku]
scottatura (f)	djegie (f)	[djégiɛ]
scottarsi (vr)	digjem	[díɟɛm]
pungere (vt)	shpoj	[ʃpoj]
pungersi (vr)	shpohem	[ʃpóhɛm]
ferire (vt)	dëmtoj	[dəmtój]
ferita (f)	dëmtim (m)	[dəmtím]
lesione (f)	plagë (f)	[plágə]
trauma (m)	traumë (f)	[traúmə]
delirare (vi)	fol përçart	[fól pərtʃárt]
tartagliare (vi)	belbëzoj	[bɛlbəzój]
colpo (m) di sole	pikë e diellit (f)	[píkə ɛ diétit]

65. Sintomi. Cure. Parte 2

dolore (m), male (m)	dhimbje (f)	[ðímbjɛ]
scheggia (f)	cifël (f)	[tsífəl]
sudore (m)	djersë (f)	[djérsə]
sudare (vi)	djersij	[djɛrsíj]
vomito (m)	të vjella (f)	[tə vjéła]
convulsioni (f pl)	konvulsione (f)	[konvulsiónɛ]
incinta (agg)	shtatzënë	[ʃtatzénə]
nascere (vi)	lind	[lind]
parto (m)	lindje (f)	[líndjɛ]
essere in travaglio di parto	sjell në jetë	[sjɛł nə jétə]
aborto (m)	abort (m)	[abórt]
respirazione (f)	frymëmarrje (f)	[fryməmárjɛ]
inspirazione (f)	mbajtje e frymës (f)	[mbájtjɛ ɛ frýməs]

espirazione (f)	lëshim i frymës (m)	[ləʃím i frýməs]
espirare (vi)	nxjerr frymën	[ndzjér frýmən]
inspirare (vi)	marr frymë	[mar frýmə]

invalido (m)	invalid (m)	[invalíd]
storpio (m)	i gjymtuar (m)	[i ɟymtúar]
drogato (m)	narkoman (m)	[narkomán]

sordo (agg)	shurdh	[ʃurð]
muto (agg)	memec	[mɛméts]
sordomuto (agg)	shurdh-memec	[ʃurð-mɛméts]

matto (agg)	i marrë	[i márə]
matto (m)	i çmendur (m)	[i tʃméndur]
matta (f)	e çmendur (f)	[ɛ tʃméndur]
impazzire (vi)	çmendem	[tʃméndɛm]

gene (m)	gen (m)	[gɛn]
immunità (f)	imunitet (m)	[imunitét]
ereditario (agg)	e trashëguar	[ɛ traʃəgúar]
innato (agg)	e lindur	[ɛ líndur]

virus (m)	virus (m)	[virús]
microbo (m)	mikrob (m)	[mikrób]
batterio (m)	bakterie (f)	[baktériɛ]
infezione (f)	infeksion (m)	[infɛksión]

66. Sintomi. Cure. Parte 3

| ospedale (m) | spital (m) | [spitál] |
| paziente (m) | pacient (m) | [patsiént] |

diagnosi (f)	diagnozë (f)	[diagnózə]
cura (f)	kurë (f)	[kúrə]
trattamento (m)	trajtim mjekësor (m)	[trajtím mjɛkəsór]
curarsi (vr)	kurohem	[kuróhɛm]
curare (vt)	kuroj	[kurój]
accudire (un malato)	kujdesem	[kujdóɛcm]
assistenza (f)	kujdes (m)	[kujdés]

operazione (f)	operacion (m)	[opɛratsión]
bendare (vt)	fashoj	[faʃój]
fasciatura (f)	fashim (m)	[faʃím]

vaccinazione (f)	vaksinim (m)	[vaksiním]
vaccinare (vt)	vaksinoj	[vaksinój]
iniezione (f)	injeksion (m)	[iɲɛksión]
fare una puntura	bëj injeksion	[bəj iɲɛksíon]
attacco (m) (~ epilettico)	atak (m)	[aták]
amputazione (f)	amputim (m)	[amputím]

amputare (vt)	amputoj	[amputój]
coma (m)	komë (f)	[kómə]
essere in coma	jam në komë	[jam nə kómə]
rianimazione (f)	kujdes intensiv (m)	[kujdés intɛnsív]
guarire (vi)	shërohem	[ʃəróhɛm]
stato (f) (del paziente)	gjendje (f)	[ɟéndjɛ]
conoscenza (f)	vetëdije (f)	[vɛtədíjɛ]
memoria (f)	kujtesë (f)	[kujtésə]
estrarre (~ un dente)	heq	[hɛc]
otturazione (f)	mbushje (f)	[mbúʃɛ]
otturare (vt)	mbush	[mbúʃ]
ipnosi (f)	hipnozë (f)	[hipnózə]
ipnotizzare (vt)	hipnotizim	[hipnotizím]

67. Medicinali. Farmaci. Accessori

medicina (f)	ilaç (m)	[ilátʃ]
rimedio (m)	mjekim (m)	[mjɛkím]
prescrivere (vt)	shkruaj recetë	[ʃkrúaj rɛtsétə]
prescrizione (f)	recetë (f)	[rɛtsétə]
compressa (f)	pilulë (f)	[pilúlə]
unguento (m)	krem (m)	[krɛm]
fiala (f)	ampulë (f)	[ampúlə]
pozione (f)	përzierje (f)	[pərzíɛrjɛ]
sciroppo (m)	shurup (m)	[ʃurúp]
pillola (f)	pilulë (f)	[pilúlə]
polverina (f)	pudër (f)	[púdər]
benda (f)	fashë garze (f)	[faʃə gárzɛ]
ovatta (f)	pambuk (m)	[pambúk]
iodio (m)	jod (m)	[jod]
cerotto (m)	leukoplast (m)	[lɛukoplást]
contagocce (m)	pikatore (f)	[pikatórɛ]
termometro (m)	termometër (m)	[tɛrmométər]
siringa (f)	shiringë (f)	[ʃiríŋə]
sedia (f) a rotelle	karrocë me rrota (f)	[karótsə mɛ róta]
stampelle (f pl)	paterica (f)	[patɛrítsa]
analgesico (m)	qetësues (m)	[cɛtəsúɛs]
lassativo (m)	laksativ (m)	[laksatív]
alcol (m)	alkool dezinfektues (m)	[alkoól dɛzinfɛktúɛs]
erba (f) officinale	bimë mjekësore (f)	[bímə mjɛkəsórɛ]
d'erbe (infuso ~)	çaj bimor	[tʃáj bimór]

T&P BOOKS

APPARTAMENTO

T&P Books Publishing

68. Appartamento

appartamento (m)	apartament (m)	[apartamént]
camera (f), stanza (f)	dhomë (f)	[ðómə]
camera (f) da letto	dhomë gjumi (f)	[ðómə ɟúmi]
sala (f) da pranzo	dhomë ngrënie (f)	[ðómə ŋrəníɛ]
salotto (m)	dhomë ndeje (f)	[ðómə ndéjɛ]
studio (m)	dhomë pune (f)	[ðómə púnɛ]
ingresso (m)	hyrje (f)	[hýrjɛ]
bagno (m)	banjo (f)	[báɲo]
gabinetto (m)	tualet (m)	[tualét]
soffitto (m)	tavan (m)	[taván]
pavimento (m)	dysheme (f)	[dyʃɛmé]
angolo (m)	qoshe (f)	[cóʃɛ]

69. Arredamento. Interno

mobili (m pl)	orendi (f)	[orɛndí]
tavolo (m)	tryezë (f)	[tryézə]
sedia (f)	karrige (f)	[karígɛ]
letto (m)	shtrat (m)	[ʃtrat]
divano (m)	divan (m)	[diván]
poltrona (f)	kolltuk (m)	[koɫtúk]
libreria (f)	raft librash (m)	[ráft líbraʃ]
ripiano (m)	sergjen (m)	[sɛrɟén]
armadio (m)	gardërobë (f)	[gardəróbə]
attaccapanni (m) da parete	varëse (f)	[várəsɛ]
appendiabiti (m) da terra	varëse xhaketash (f)	[várəsɛ dʒakétaʃ]
comò (m)	komodë (f)	[komódə]
tavolino (m) da salotto	tryezë e ulët (f)	[tryézə ɛ úlət]
specchio (m)	pasqyrë (f)	[pascýrə]
tappeto (m)	qilim (m)	[cilím]
tappetino (m)	tapet (m)	[tapét]
camino (m)	oxhak (m)	[odʒák]
candela (f)	qiri (m)	[círí]
candeliere (m)	shandan (m)	[ʃandán]
tende (f pl)	perde (f)	[pérdɛ]

| carta (f) da parati | tapiceri (f) | [tapitsɛrí] |
| tende (f pl) alla veneziana | grila (f) | [gríla] |

lampada (f) da tavolo	llambë tavoline (f)	[támbə tavolínɛ]
lampada (f) da parete	llambadar muri (m)	[tambadár múri]
lampada (f) a stelo	llambadar (m)	[tambadár]
lampadario (m)	llambadar (m)	[tambadár]

gamba (f)	këmbë (f)	[kə́mbə]
bracciolo (m)	mbështetëse krahu (f)	[mbəʃtétəsɛ kráhu]
spalliera (f)	mbështetëse (f)	[mbəʃtétəsɛ]
cassetto (m)	sirtar (m)	[sirtár]

70. Biancheria da letto

biancheria (f) da letto	çarçafë (pl)	[tʃartʃáfə]
cuscino (m)	jastëk (m)	[jastə́k]
federa (f)	këllëf jastëku (m)	[kətə́f jastə́ku]
coperta (f)	jorgan (m)	[jorgán]
lenzuolo (m)	çarçaf (m)	[tʃartʃáf]
copriletto (m)	mbulesë (f)	[mbulésə]

71. Cucina

cucina (f)	kuzhinë (f)	[kuʒínə]
gas (m)	gaz (m)	[gaz]
fornello (m) a gas	sobë me gaz (f)	[sóbə mɛ gaz]
fornello (m) elettrico	sobë elektrike (f)	[sóbə ɛlɛktríkɛ]
forno (m)	furrë (f)	[fúrə]
forno (m) a microonde	mikrovalë (f)	[mikroválə]

frigorifero (m)	frigorifer (m)	[frigorifér]
congelatore (m)	frigorifer (m)	[frigorifér]
lavastoviglie (f)	pjatalarëse (f)	[pjatalárəsɛ]

tritacarne (m)	grirëse mishi (f)	[gríresɛ míʃi]
spremifrutta (m)	shtrydhëse frutash (f)	[ʃtrýðəsɛ frútaʃ]
tostapane (m)	toster (m)	[tostér]
mixer (m)	mikser (m)	[miksér]

macchina (f) da caffè	makinë kafeje (f)	[makínə kaféjɛ]
caffettiera (f)	kafetierë (f)	[kafɛtiérə]
macinacaffè (m)	mulli kafeje (f)	[mutí káfɛjɛ]

bollitore (m)	çajnik (m)	[tʃajník]
teiera (f)	çajnik (m)	[tʃajník]
coperchio (m)	kapak (m)	[kapák]
colino (m) da tè	sitë çaji (f)	[sítə tʃáji]

cucchiaio (m)	lugë (f)	[lúgə]
cucchiaino (m) da tè	lugë çaji (f)	[lúgə tʃáji]
cucchiaio (m)	lugë gjelle (f)	[lúgə ɟéɫɛ]
forchetta (f)	pirun (m)	[pirún]
coltello (m)	thikë (f)	[θíkə]

stoviglie (f pl)	enë kuzhine (f)	[énə kuʒínɛ]
piatto (m)	pjatë (f)	[pjátə]
piattino (m)	pjatë filxhani (f)	[pjátə fildʒáni]

cicchetto (m)	potir (m)	[potír]
bicchiere (m) (~ d'acqua)	gotë (f)	[gótə]
tazzina (f)	filxhan (m)	[fildʒán]

zuccheriera (f)	tas për sheqer (m)	[tas pər ʃɛcér]
saliera (f)	kripore (f)	[kripórɛ]
pepiera (f)	enë piperi (f)	[énə pipéri]
burriera (f)	pjatë gjalpi (f)	[pjátə ɟálpi]

pentola (f)	tenxhere (f)	[tɛndʒérɛ]
padella (f)	tigan (m)	[tigán]
mestolo (m)	garuzhdë (f)	[garúʒdə]
colapasta (m)	kullesë (f)	[kuɫésə]
vassoio (m)	tabaka (f)	[tabaká]

bottiglia (f)	shishe (f)	[ʃíʃɛ]
barattolo (m) di vetro	kavanoz (m)	[kavanóz]
latta, lattina (f)	kanoçe (f)	[kanótʃɛ]

apribottiglie (m)	hapëse shishesh (f)	[hapəsé ʃíʃɛʃ]
apriscatole (m)	hapëse kanoçesh (f)	[hapəsé kanótʃɛʃ]
cavatappi (m)	turjelë tapash (f)	[turjélə tápaʃ]
filtro (m)	filtër (m)	[fíltər]
filtrare (vt)	filtroj	[filtrój]

spazzatura (f)	pleh (m)	[plɛh]
pattumiera (f)	kosh plehrash (m)	[koʃ pléhraʃ]

72. Bagno

bagno (m)	banjo (f)	[báɲo]
acqua (f)	ujë (m)	[újə]
rubinetto (m)	rubinet (m)	[rubinét]
acqua (f) calda	ujë i nxehtë (f)	[újə i ndzéhtə]
acqua (f) fredda	ujë i ftohtë (f)	[újə i ftóhtə]

dentifricio (m)	pastë dhëmbësh (f)	[pástə ðémbəʃ]
lavarsi i denti	laj dhëmbët	[laj ðémbət]
spazzolino (m) da denti	furçë dhëmbësh (f)	[fúrtʃə ðémbəʃ]
rasarsi (vr)	rruhem	[rúhɛm]

| schiuma (f) da barba | shkumë rroje (f) | [ʃkumə rójɛ] |
| rasoio (m) | brisk (m) | [brísk] |

lavare (vt)	laj duart	[laj dúart]
fare un bagno	lahem	[láhɛm]
doccia (f)	dush (m)	[duʃ]
fare una doccia	bëj dush	[bəj dúʃ]

vasca (f) da bagno	vaskë (f)	[váskə]
water (m)	tualet (m)	[tualét]
lavandino (m)	lavaman (m)	[lavamán]

| sapone (m) | sapun (m) | [sapún] |
| porta (m) sapone | pjatë sapuni (f) | [pjátə sapúni] |

spugna (f)	sfungjer (m)	[sfunɟér]
shampoo (m)	shampo (f)	[ʃampó]
asciugamano (m)	peshqir (m)	[pɛʃcír]
accappatoio (m)	peshqir trupi (m)	[pɛʃcír trúpi]

bucato (m)	larje (f)	[lárjɛ]
lavatrice (f)	makinë larëse (f)	[makínə lárəsɛ]
fare il bucato	laj rroba	[laj róba]
detersivo (m) per il bucato	detergjent (m)	[dɛtɛrɟént]

73. Elettrodomestici

televisore (m)	televizor (m)	[tɛlɛvizór]
registratore (m) a nastro	inçizues me shirit (m)	[intʃizúɛs mɛ ʃirít]
videoregistratore (m)	video regjistrues (m)	[vídɛo rɛɟistrúɛs]
radio (f)	radio (f)	[rádio]
lettore (m)	kasetofon (m)	[kasɛtofón]

videoproiettore (m)	projektor (m)	[projɛktór]
home cinema (m)	kinema shtëpie (f)	[kinɛmá ʃtəpíɛ]
lettore (m) DVD	DVD player (m)	[dividí plɛjər]
amplificatore (m)	amplifikator (m)	[amplifikatór]
console (f) video giochi	konsol video loje (m)	[konɛól vídɛo lójc]

videocamera (f)	videokamerë (f)	[vidɛokamérə]
macchina (f) fotografica	aparat fotografik (m)	[aparát fotografík]
fotocamera (f) digitale	kamerë digjitale (f)	[kamérə diɟitálɛ]

aspirapolvere (m)	fshesë elektrike (f)	[fʃésə ɛlɛktríkɛ]
ferro (m) da stiro	hekur (m)	[hékuɾ]
asse (f) da stiro	tryezë për hekurosje (f)	[tryézə pər hɛkurósjɛ]

telefono (m)	telefon (m)	[tɛlɛfón]
telefonino (m)	celular (m)	[tsɛlulár]
macchina (f) da scrivere	makinë shkrimi (f)	[makínə ʃkrími]

macchina (f) da cucire	**makinë qepëse** (f)	[makínə cépəsɛ]
microfono (m)	**mikrofon** (m)	[mikrofón]
cuffia (f)	**kufje** (f)	[kúfjɛ]
telecomando (m)	**telekomandë** (f)	[tɛlɛkomándə]
CD (m)	**CD** (f)	[tsɛdé]
cassetta (f)	**kasetë** (f)	[kasétə]
disco (m) (vinile)	**pllakë gramafoni** (f)	[pɬákə gramafóni]

T&P BOOKS

LA TERRA. TEMPO

T&P Books Publishing

cosmo (m)	hapësirë (f)	[hapəsírə]
cosmico, spaziale (agg)	hapësinor	[hapəsinór]
spazio (m) cosmico	kozmos (m)	[kozmós]

mondo (m)	botë (f)	[bótə]
universo (m)	univers	[univérs]
galassia (f)	galaksi (f)	[galaksí]

stella (f)	yll (m)	[yɬ]
costellazione (f)	yllësi (f)	[yɬəsí]
pianeta (m)	planet (m)	[planét]
satellite (m)	satelit (m)	[satɛlít]

meteorite (m)	meteor (m)	[mɛtɛór]
cometa (f)	kometë (f)	[kométə]
asteroide (m)	asteroid (m)	[astɛroíd]

orbita (f)	orbitë (f)	[orbítə]
ruotare (vi)	rrotullohet	[rotuɬóhɛt]
atmosfera (f)	atmosferë (f)	[atmosférə]

il Sole	Dielli (m)	[diéɬi]
sistema (m) solare	sistemi diellor (m)	[sistémi diɛɬór]
eclisse (f) solare	eklips diellor (m)	[ɛklíps diɛɬór]

| la Terra | Toka (f) | [tóka] |
| la Luna | Hëna (f) | [hə́na] |

Marte (m)	Marsi (m)	[mársi]
Venere (f)	Venera (f)	[vɛnéra]
Giove (m)	Jupiteri (m)	[jupitéri]
Saturno (m)	Saturni (m)	[satúrni]

Mercurio (m)	Merkuri (m)	[mɛrkúri]
Urano (m)	Urani (m)	[uráni]
Nettuno (m)	Neptuni (m)	[nɛptúni]
Plutone (m)	Pluto (f)	[plúto]

Via (f) Lattea	Rruga e Qumështit (f)	[rúga ɛ cúməʃtit]
Orsa (f) Maggiore	Arusha e Madhe (f)	[arúʃa ɛ máðɛ]
Stella (f) Polare	ylli i Veriut (m)	[ýɬi i vériut]

| marziano (m) | Marsian (m) | [marsián] |
| extraterrestre (m) | jashtëtokësor (m) | [jaʃtətokəsór] |

| alieno (m) | alien (m) | [alién] |
| disco (m) volante | disk fluturues (m) | [dísk fluturúɛs] |

nave (f) spaziale	anije kozmike (f)	[aníjɛ kozmíkɛ]
stazione (f) spaziale	stacion kozmik (m)	[statsión kozmík]
lancio (m)	ngritje (f)	[ŋrítjɛ]

motore (m)	motor (m)	[motór]
ugello (m)	dizë (f)	[dízə]
combustibile (m)	karburant (m)	[karburánt]

cabina (f) di pilotaggio	kabinë pilotimi (f)	[kabínə pilotími]
antenna (f)	antenë (f)	[anténə]
oblò (m)	dritare anësore (f)	[dritárɛ anəsórɛ]
batteria (f) solare	panel solar (m)	[panél solár]
scafandro (m)	veshje astronauti (f)	[véʃɛ astronáuti]

| imponderabilità (f) | mungesë graviteti (f) | [muŋésə gravitéti] |
| ossigeno (m) | oksigjen (m) | [oksiɟén] |

| aggancio (m) | ndërlidhje në hapësirë (f) | [ndərlíðjɛ nə hapəsírə] |
| agganciarsi (vr) | stacionohem | [statsionóhɛm] |

osservatorio (m)	observator (m)	[obsɛrvatór]
telescopio (m)	teleskop (m)	[tɛlɛskóp]
osservare (vt)	vëzhgoj	[vəʒgój]
esplorare (vt)	eksploroj	[ɛksplorój]

75. La Terra

la Terra	Toka (f)	[tóka]
globo (m) terrestre	globi (f)	[glóbi]
pianeta (m)	planet (m)	[planét]

atmosfera (f)	atmosferë (f)	[atmosférə]
geografia (f)	gjeografi (f)	[ɟɛografí]
natura (f)	natyrë (f)	[natýrə]

mappamondo (m)	glob (m)	[glob]
carta (f) geografica	hartë (f)	[hártə]
atlante (m)	atlas (m)	[atlás]

Europa (f)	Evropa (f)	[ɛvrópa]
Asia (f)	Azia (f)	[azía]
Africa (f)	Afrika (f)	[afríkɑ]
Australia (f)	Australia (f)	[australía]

America (f)	Amerika (f)	[amɛríka]
America (f) del Nord	Amerika Veriore (f)	[amɛríka vɛriórɛ]
America (f) del Sud	Amerika Jugore (f)	[amɛríka jugórɛ]

| Antartide (f) | Antarktika (f) | [antarktíka] |
| Artico (m) | Arktiku (m) | [arktíku] |

76. Punti cardinali

nord (m)	veri (m)	[vɛrí]
a nord	drejt veriut	[dréjt vériut]
al nord	në veri	[nə vɛrí]
del nord (agg)	verior	[vɛriór]

sud (m)	jug (m)	[jug]
a sud	drejt jugut	[dréjt júgut]
al sud	në jug	[nə jug]
del sud (agg)	jugor	[jugór]

ovest (m)	perëndim (m)	[pɛrəndím]
a ovest	drejt perëndimit	[dréjt pɛrəndímit]
all'ovest	në perëndim	[nə pɛrəndím]
dell'ovest, occidentale	perëndimor	[pɛrəndimór]

est (m)	lindje (f)	[líndjɛ]
a est	drejt lindjes	[dréjt líndjɛs]
all'est	në lindje	[nə líndjɛ]
dell'est, orientale	lindor	[lindór]

77. Mare. Oceano

mare (m)	det (m)	[dét]
oceano (m)	oqean (m)	[ocɛán]
golfo (m)	gji (m)	[ɟi]
stretto (m)	ngushticë (f)	[ŋuʃtítsə]

| terra (f) (terra firma) | tokë (f) | [tókə] |
| continente (m) | kontinent (m) | [kontinént] |

isola (f)	ishull (m)	[íʃuɫ]
penisola (f)	gadishull (m)	[gadíʃuɫ]
arcipelago (m)	arkipelag (m)	[arkipɛlág]

baia (f)	gji (m)	[ɟi]
porto (m)	port (m)	[port]
laguna (f)	lagunë (f)	[lagúnə]
capo (m)	kep (m)	[kɛp]

atollo (m)	atol (m)	[atól]
scogliera (f)	shkëmb nënujor (m)	[ʃkəmb nənujór]
corallo (m)	koral (m)	[korál]
barriera (f) corallina	korale nënujorë (f)	[korálɛ nənujórə]

profondo (agg)	i thellë	[i θéłə]
profondità (f)	thellësi (f)	[θɛłəsí]
abisso (m)	humnerë (f)	[humnérə]
fossa (f) (~ delle Marianne)	hendek (m)	[hɛndék]

| corrente (f) | rrymë (f) | [rýmə] |
| circondare (vt) | rrethohet | [rɛθóhɛt] |

| litorale (m) | breg (m) | [brɛg] |
| costa (f) | bregdet (m) | [brɛgdét] |

alta marea (f)	batica (f)	[batítsa]
bassa marea (f)	zbaticë (f)	[zbatítsə]
banco (m) di sabbia	cekëtinë (f)	[tsɛkətínə]
fondo (m)	fund i detit (m)	[fúnd i détit]

onda (f)	dallgë (f)	[dáłgə]
cresta (f) dell'onda	kreshtë (f)	[kréʃtə]
schiuma (f)	shkumë (f)	[ʃkúmə]

tempesta (f)	stuhi (f)	[stuhí]
uragano (m)	uragan (m)	[uragán]
tsunami (m)	cunam (m)	[tsunám]
bonaccia (f)	qetësi (f)	[cɛtəsí]
tranquillo (agg)	i qetë	[i cétə]

| polo (m) | pol (m) | [pol] |
| polare (agg) | polar | [polár] |

latitudine (f)	gjerësi (f)	[ɟɛrəsí]
longitudine (f)	gjatësi (f)	[ɟatəsí]
parallelo (m)	paralele (f)	[paralélɛ]
equatore (m)	ekuator (m)	[ɛkuatór]

cielo (m)	qiell (m)	[cíɛł]
orizzonte (m)	horizont (m)	[horizónt]
aria (f)	ajër (m)	[ájər]

faro (m)	fanar (m)	[fanár]
tuffarsi (vr)	zhytem	[ʒýtɛm]
affondare (andare a fondo)	fundosje	[fundósjɛ]
tesori (m)	thesare (pl)	[θɛsárɛ]

78. Nomi dei mari e degli oceani

Oceano (m) Atlantico	Oqeani Atlantik (m)	[ocɛáni atlantík]
Oceano (m) Indiano	Oqeani Indian (m)	[ocɛáni indián]
Oceano (m) Pacifico	Oqeani Paqësor (m)	[ocɛáni pacəsór]
mar (m) Glaciale Artico	Oqeani Arktik (m)	[ocɛáni arktík]
mar (m) Nero	Deti i Zi (m)	[déti i zí]

mar (m) Rosso	Deti i Kuq (m)	[déti i kúc]
mar (m) Giallo	Deti i Verdhë (m)	[déti i vérðə]
mar (m) Bianco	Deti i Bardhë (m)	[déti i bárðə]
mar (m) Caspio	Deti Kaspik (m)	[déti kaspík]
mar (m) Morto	Deti i Vdekur (m)	[déti i vdékur]
mar (m) Mediterraneo	Deti Mesdhe (m)	[déti mɛsðé]
mar (m) Egeo	Deti Egje (m)	[déti ɛɟé]
mar (m) Adriatico	Deti Adriatik (m)	[déti adriatík]
mar (m) Arabico	Deti Arab (m)	[déti aráb]
mar (m) del Giappone	Deti i Japonisë (m)	[déti i japonísə]
mare (m) di Bering	Deti Bering (m)	[déti bériŋ]
mar (m) Cinese meridionale	Deti i Kinës Jugore (m)	[déti i kínəs jugórɛ]
mar (m) dei Coralli	Deti Koral (m)	[déti korál]
mar (m) di Tasman	Deti Tasman (m)	[déti tasmán]
mar (m) dei Caraibi	Deti i Karaibeve (m)	[déti i karaíbɛvɛ]
mare (m) di Barents	Deti Barents (m)	[déti barénts]
mare (m) di Kara	Deti Kara (m)	[déti kára]
mare (m) del Nord	Deti i Veriut (m)	[déti i vériut]
mar (m) Baltico	Deti Baltik (m)	[déti baltík]
mare (m) di Norvegia	Deti Norvegjez (m)	[déti norvɛɟéz]

79. Montagne

monte (m), montagna (f)	mal (m)	[mal]
catena (f) montuosa	vargmal (m)	[vargmál]
crinale (m)	kresht malor (m)	[kréʃt malór]
cima (f)	majë (f)	[májə]
picco (m)	maja më e lartë (f)	[mája mə ɛ lártə]
piedi (m pl)	rrëza e malit (f)	[rəza ɛ málit]
pendio (m)	shpat (m)	[ʃpat]
vulcano (m)	vullkan (m)	[vuɫkán]
vulcano (m) attivo	vullkan aktiv (m)	[vuɫkán aktív]
vulcano (m) inattivo	vullkan i fjetur (m)	[vuɫkán i fjétur]
eruzione (f)	shpërthim (m)	[ʃpərθím]
cratere (m)	krater (m)	[kratér]
magma (m)	magmë (f)	[mágmə]
lava (f)	llavë (f)	[ɫávə]
fuso (lava ~a)	i shkrirë	[i ʃkrírə]
canyon (m)	kanion (m)	[kanión]
gola (f)	grykë (f)	[grýkə]

crepaccio (m)	çarje (f)	[tʃárjɛ]
precipizio (m)	humnerë (f)	[humnérə]
passo (m), valico (m)	kalim (m)	[kalím]
altopiano (m)	pllajë (f)	[pɫájə]
falesia (f)	shkëmb (m)	[ʃkəmb]
collina (f)	kodër (f)	[kódər]
ghiacciaio (m)	akullnajë (f)	[akuɫnájə]
cascata (f)	ujëvarë (f)	[ujəvárə]
geyser (m)	gejzer (m)	[gɛjzér]
lago (m)	liqen (m)	[licén]
pianura (f)	fushë (f)	[fúʃə]
paesaggio (m)	peizazh (m)	[pɛizáʒ]
eco (f)	jehonë (f)	[jɛhónə]
alpinista (m)	alpinist (m)	[alpiníst]
scalatore (m)	alpinist shkëmbßinjsh (m)	[alpiníst ʃkəmbiɲʃ]
conquistare (~ una cima)	pushtoj majën	[puʃtój májən]
scalata (f)	ngjitje (f)	[nɟítjɛ]

80. Nomi delle montagne

Alpi (f pl)	Alpet (pl)	[alpét]
Monte (m) Bianco	Montblanc (m)	[montblánk]
Pirenei (m pl)	Pirenejet (pl)	[pirɛnéjɛt]
Carpazi (m pl)	Karpatet (m)	[karpátɛt]
gli Urali (m pl)	Malet Urale (pl)	[málɛt urálɛ]
Caucaso (m)	Malet Kaukaze (pl)	[málɛt kaukázɛ]
Monte (m) Elbrus	Mali Elbrus (m)	[máli ɛlbrús]
Monti (m pl) Altai	Malet Altai (pl)	[málɛt altái]
Tien Shan (m)	Tian Shani (m)	[tían ʃáni]
Pamir (m)	Malet e Pamirit (m)	[málɛt ɛ pamírit]
Himalaia (m)	Himalajet (pl)	[himalájɛt]
Everest (m)	Mali Everest (m)	[máli ɛvɛróət]
Ande (f pl)	andet (pl)	[ándɛt]
Kilimangiaro (m)	Mali Kilimanxharo (m)	[máli kilimandʒáro]

81. Fiumi

fiume (m)	lum (m)	[lum]
fonte (f) (sorgente)	burim (m)	[burím]
letto (m) (~ del fiume)	shtrat lumi (m)	[ʃtrat lúmi]
bacino (m)	basen (m)	[basén]

sfociare nel ...	rrjedh ...	[rjéð ...]
affluente (m)	derdhje (f)	[dérðjɛ]
riva (f)	breg (m)	[brɛg]
corrente (f)	rrymë (f)	[rýmə]
a valle	rrjedhje e poshtme	[rjéðjɛ ɛ póʃtmɛ]
a monte	rrjedhje e sipërme	[rjéðjɛ ɛ sípərmɛ]
inondazione (f)	vërshim (m)	[vərʃím]
piena (f)	përmbytje (f)	[pərmbýtjɛ]
straripare (vi)	vërshon	[vərʃón]
inondare (vt)	përmbytet	[pərmbýtɛt]
secca (f)	cekëtinë (f)	[tsɛkətínə]
rapida (f)	rrjedhë (f)	[rjéðə]
diga (f)	digë (f)	[dígə]
canale (m)	kanal (m)	[kanál]
bacino (m) di riserva	rezervuar (m)	[rɛzɛrvuár]
chiusa (f)	pendë ujore (f)	[péndə ujórɛ]
specchio (m) d'acqua	plan hidrik (m)	[plan hidrík]
palude (f)	kënetë (f)	[kənétə]
pantano (m)	moçal (m)	[motʃ ál]
vortice (m)	vorbull (f)	[vórbuɫ]
ruscello (m)	përrua (f)	[pərúa]
potabile (agg)	i pijshëm	[i píjʃəm]
dolce (di acqua ~)	i freskët	[i fréskət]
ghiaccio (m)	akull (m)	[ákuɫ]
ghiacciarsi (vr)	ngrihet	[ŋríhɛt]

82. Nomi dei fiumi

Senna (f)	Sena (f)	[séna]
Loira (f)	Loire (f)	[luar]
Tamigi (m)	Temza (f)	[témza]
Reno (m)	Rajnë (m)	[rájnə]
Danubio (m)	Danubi (m)	[danúbi]
Volga (m)	Volga (f)	[vólga]
Don (m)	Doni (m)	[dóni]
Lena (f)	Lena (f)	[léna]
Fiume (m) Giallo	Lumi i Verdhë (m)	[lúmi i vérðə]
Fiume (m) Azzurro	Jangce (f)	[jaŋtsé]
Mekong (m)	Mekong (m)	[mɛkóŋ]
Gange (m)	Gang (m)	[gaŋ]

Nilo (m)	Lumi Nil (m)	[lúmi nil]
Congo (m)	Lumi Kongo (m)	[lúmi kóŋo]
Okavango	Lumi Okavango (m)	[lúmi okaváŋo]
Zambesi (m)	Lumi Zambezi (m)	[lúmi zambézi]
Limpopo (m)	Lumi Limpopo (m)	[lúmi limpópo]
Mississippi (m)	Lumi Misisipi (m)	[lúmi misisípi]

83. Foresta

| foresta (f) | pyll (m) | [pyɫ] |
| forestale (agg) | pyjor | [pyjór] |

foresta (f) fitta	pyll i ngjeshur (m)	[pyɫ i ɲɟéʃur]
boschetto (m)	zabel (m)	[zabél]
radura (f)	lëndinë (f)	[ləndínə]

| roveto (m) | pyllëz (m) | [pýɫəz] |
| boscaglia (f) | shkurre (f) | [ʃkúrɛ] |

| sentiero (m) | shteg (m) | [ʃtɛg] |
| calanco (m) | hon (m) | [hon] |

albero (m)	pemë (f)	[pémə]
foglia (f)	gjeth (m)	[ɟɛθ]
fogliame (m)	gjethe (pl)	[ɟéθɛ]

caduta (f) delle foglie	rënie e gjetheve (f)	[rəníɛ ɛ ɟéθɛvɛ]
cadere (vi)	bien	[bíɛn]
cima (f)	maje (f)	[májɛ]

ramo (m), ramoscello (m)	degë (f)	[dégə]
ramo (m)	degë (f)	[dégə]
gemma (f)	syth (m)	[syθ]
ago (m)	shtiza pishe (f)	[ʃtíza píʃɛ]
pigna (f)	lule pishe (f)	[lúlɛ píʃɛ]

cavità (f)	zgavër (f)	[zgávər]
nido (m)	fole (f)	[fɔlá]
tana (f) (del fox, ecc.)	strofull (f)	[strófuɫ]

tronco (m)	trung (m)	[truŋ]
radice (f)	rrënjë (f)	[réɲə]
corteccia (f)	lëvore (f)	[ləvórɛ]
musco (m)	myshk (m)	[myʃk]

sradicare (vt)	shkul	[ʃkul]
abbattere (~ un albero)	pres	[prɛs]
disboscare (vt)	shpyllëzoj	[ʃpyɫəzój]
ceppo (m)	cung (m)	[tsúŋ]
falò (m)	zjarr kampingu (m)	[zjar kampíŋu]

173

incendio (m) boschivo	zjarr në pyll (m)	[zjar nə pyɫ]
spegnere (vt)	shuaj	[ʃúaj]
guardia (f) forestale	roje pyjore (f)	[rójɛ pyjórɛ]
protezione (f)	mbrojtje (f)	[mbrójtjɛ]
proteggere (~ la natura)	mbroj	[mbrój]
bracconiere (m)	gjahtar i jashtëligjshëm (m)	[ɟahtár i jaʃtəlíʃʃəm]
tagliola (f) (~ per orsi)	grackë (f)	[grátskə]
raccogliere (vt)	mbledh	[mbléð]
perdersi (vr)	humb rrugën	[húmb rúgən]

84. Risorse naturali

risorse (f pl) naturali	burime natyrore (pl)	[burímɛ natyrórɛ]
minerali (m pl)	minerale (pl)	[minɛrálɛ]
deposito (m) (~ di carbone)	depozita (pl)	[dɛpozíta]
giacimento (m) (~ petrolifero)	fushë (f)	[fúʃə]
estrarre (vt)	nxjerr	[ndzjér]
estrazione (f)	nxjerrje mineralesh (f)	[ndzjérjɛ minɛrálɛʃ]
minerale (m) grezzo	xehe (f)	[dzéhɛ]
miniera (f)	minierë (f)	[miniérə]
pozzo (m) di miniera	nivel (m)	[nivél]
minatore (m)	minator (m)	[minatór]
gas (m)	gaz (m)	[gaz]
gasdotto (m)	gazsjellës (m)	[gazsjéɫəs]
petrolio (m)	naftë (f)	[náftə]
oleodotto (m)	naftësjellës (f)	[naftəsjéɫəs]
torre (f) di estrazione	pus nafte (m)	[pus náftɛ]
torre (f) di trivellazione	burim nafte (m)	[burím náftɛ]
petroliera (f)	anije-cisternë (f)	[aníjɛ-tsistérnə]
sabbia (f)	rërë (f)	[rərə]
calcare (m)	gur gëlqeror (m)	[gur gəlcɛrór]
ghiaia (f)	zhavorr (m)	[ʒavór]
torba (f)	torfë (f)	[tórfə]
argilla (f)	argjilë (f)	[arɟílə]
carbone (m)	qymyr (m)	[cymýr]
ferro (m)	hekur (m)	[hékur]
oro (m)	ar (m)	[ár]
argento (m)	argjend (m)	[arɟénd]
nichel (m)	nikel (m)	[nikél]
rame (m)	bakër (m)	[bákər]
zinco (m)	zink (m)	[zink]

manganese (m)	mangan (m)	[maŋán]
mercurio (m)	merkur (m)	[mɛrkúr]
piombo (m)	plumb (m)	[plúmb]
minerale (m)	mineral (m)	[minɛrál]
cristallo (m)	kristal (m)	[kristál]
marmo (m)	mermer (m)	[mɛrmér]
uranio (m)	uranium (m)	[uraniúm]

85. Tempo

tempo (m)	moti (m)	[móti]
previsione (f) del tempo	parashikimi i motit (m)	[paraʃikími i mótit]
temperatura (f)	temperaturë (f)	[tɛmpɛratúrə]
termometro (m)	termometër (m)	[tɛrmométər]
barometro (m)	barometër (m)	[barométər]
umido (agg)	i lagësht	[i lágəʃt]
umidità (f)	lagështi (f)	[lagəʃtí]
caldo (m), afa (f)	vapë (f)	[vápə]
molto caldo (agg)	shumë nxehtë	[ʃúmə ndzéhtə]
fa molto caldo	është nxehtë	[éʃtə ndzéhtə]
fa caldo	është ngrohtë	[éʃtə ŋróhtə]
caldo, mite (agg)	ngrohtë	[ŋróhtə]
fa freddo	bën ftohtë	[bən ftóhtə]
freddo (agg)	i ftohtë	[i ftóhtə]
sole (m)	diell (m)	[díɛɫ]
splendere (vi)	ndriçon	[ndritʃón]
di sole (una giornata ~)	me diell	[mɛ díɛɫ]
sorgere, levarsi (vr)	agon	[agón]
tramontare (vi)	perëndon	[pɛrəndón]
nuvola (f)	re (f)	[rɛ]
nuvoloso (agg)	vranët	[vránət]
nube (f) di pioggia	re shiu (f)	[rɛ ʃíu]
nuvoloso (agg)	vranët	[vránət]
pioggia (f)	shi (m)	[ʃi]
piove	bie shi	[bíɛ ʃi]
piovoso (agg)	me shi	[mɛ ʃi]
piovigginare (vi)	shi i imët	[ʃi i ímət]
pioggia (f) torrenziale	shi litar (m)	[ʃi litár]
acquazzone (m)	stuhi shiu (f)	[stuhí ʃíu]
forte (una ~ pioggia)	i fortë	[i fórtə]
pozzanghera (f)	brakë (f)	[brákə]

175

bagnarsi (~ sotto la pioggia)	**lagem**	[lágɛm]
foschia (f), nebbia (f)	**mjegull** (f)	[mjéguɫ]
nebbioso (agg)	**e mjegullt**	[ɛ mjéguɫt]
neve (f)	**borë** (f)	[bórə]
nevica	**bie borë**	[bíɛ bórə]

86. Rigide condizioni metereologiche. Disastri naturali

temporale (m)	**stuhi** (f)	[stuhí]
fulmine (f)	**vetëtimë** (f)	[vɛtətímə]
lampeggiare (vi)	**vetëton**	[vɛtətón]
tuono (m)	**bubullimë** (f)	[bubuɫímə]
tuonare (vi)	**bubullon**	[bubuɫón]
tuona	**bubullon**	[bubuɫón]
grandine (f)	**breshër** (m)	[bréʃər]
grandina	**po bie breshër**	[po bíɛ bréʃər]
inondare (vt)	**përmbytet**	[pərmbýtɛt]
inondazione (f)	**përmbytje** (f)	[pərmbýtjɛ]
terremoto (m)	**tërmet** (m)	[tərmét]
scossa (f)	**lëkundje** (f)	[ləkúndjɛ]
epicentro (m)	**epiqendër** (f)	[ɛpicéndər]
eruzione (f)	**shpërthim** (m)	[ʃpərθím]
lava (f)	**llavë** (f)	[ɫávə]
tromba (f) d'aria	**vorbull** (f)	[vórbuɫ]
tornado (m)	**tornado** (f)	[tornádo]
tifone (m)	**tajfun** (m)	[tajfún]
uragano (m)	**uragan** (m)	[uragán]
tempesta (f)	**stuhi** (f)	[stuhí]
tsunami (m)	**cunam** (m)	[tsunám]
ciclone (m)	**ciklon** (m)	[tsiklón]
maltempo (m)	**mot i keq** (m)	[mot i kɛc]
incendio (m)	**zjarr** (m)	[zjar]
disastro (m)	**fatkeqësi** (f)	[fatkɛcəsí]
meteorite (m)	**meteor** (m)	[mɛtɛór]
valanga (f)	**ortek** (m)	[orték]
slavina (f)	**rrëshqitje bore** (f)	[rəʃcítjɛ bórɛ]
tempesta (f) di neve	**stuhi bore** (f)	[stuhí bórɛ]
bufera (f) di neve	**stuhi bore** (f)	[stuhí bórɛ]

FAUNA

T&P Books Publishing

predatore (m)	**grabitqar** (m)	[grabitcár]
tigre (f)	**tigër** (m)	[tígər]
leone (m)	**luan** (m)	[luán]
lupo (m)	**ujk** (m)	[ujk]
volpe (m)	**dhelpër** (f)	[ðélpər]
giaguaro (m)	**jaguar** (m)	[jaguár]
leopardo (m)	**leopard** (m)	[lɛopárd]
ghepardo (m)	**gepard** (m)	[gɛpárd]
pantera (f)	**panterë e zezë** (f)	[pantérə ɛ zézə]
puma (f)	**puma** (f)	[púma]
leopardo (m) delle nevi	**leopard i borës** (m)	[lɛopárd i bórəs]
lince (f)	**rrëqebull** (m)	[rəcébuɫ]
coyote (m)	**kojotë** (f)	[kojótə]
sciacallo (m)	**çakall** (m)	[tʃakáɫ]
iena (f)	**hienë** (f)	[hiénə]

animale (m)	**kafshë** (f)	[káfʃə]
bestia (f)	**bishë** (f)	[bíʃə]
scoiattolo (m)	**ketër** (m)	[kétər]
riccio (m)	**iriq** (m)	[iríc]
lepre (f)	**lepur i egër** (m)	[lépur i égər]
coniglio (m)	**lepur** (m)	[lépur]
tasso (m)	**vjedull** (f)	[vjéduɫ]
procione (f)	**rakun** (m)	[rakún]
criceto (m)	**hamster** (m)	[hamstér]
marmotta (f)	**marmot** (m)	[marmót]
talpa (f)	**urith** (m)	[uríθ]
topo (m)	**mi** (m)	[mi]
ratto (m)	**mi** (m)	[mi]
pipistrello (m)	**lakuriq** (m)	[lakuríc]
ermellino (m)	**herminë** (f)	[hɛrmínə]
zibellino (m)	**kunadhe** (f)	[kunáðɛ]
martora (f)	**shqarth** (m)	[ʃcarθ]

donnola (f)	nuselalë (f)	[nusɛlálə]
visone (m)	vizon (m)	[vizón]
castoro (m)	kastor (m)	[kastór]
lontra (f)	vidër (f)	[vídər]
cavallo (m)	kali (m)	[káli]
alce (m)	dre brilopatë (m)	[drɛ brilopátə]
cervo (m)	dre (f)	[drɛ]
cammello (m)	deve (f)	[dévɛ]
bisonte (m) americano	bizon (m)	[bizón]
bisonte (m) europeo	bizon evropian (m)	[bizón ɛvropián]
bufalo (m)	buall (m)	[búał]
zebra (f)	zebër (f)	[zébər]
antilope (f)	antilopë (f)	[antilópə]
capriolo (m)	dre (f)	[drɛ]
daino (m)	dre ugar (m)	[drɛ ugár]
camoscio (m)	kamosh (m)	[kamóʃ]
cinghiale (m)	derr i egër (m)	[dér i égər]
balena (f)	balenë (f)	[balénə]
foca (f)	fokë (f)	[fókə]
tricheco (m)	lopë deti (f)	[lópə déti]
otaria (f)	fokë (f)	[fókə]
delfino (m)	delfin (m)	[dɛlfín]
orso (m)	ari (m)	[arí]
orso (m) bianco	ari polar (m)	[arí polár]
panda (m)	panda (f)	[pánda]
scimmia (f)	majmun (m)	[majmún]
scimpanzè (m)	shimpanze (f)	[ʃimpánzɛ]
orango (m)	orangutan (m)	[oraŋután]
gorilla (m)	gorillë (f)	[goríłə]
macaco (m)	majmun makao (m)	[majmún makáo]
gibbone (m)	gibon (m)	[gibón]
elefante (m)	elefant (m)	[ɛlɛfánt]
rinoceronte (m)	rinoqeront (m)	[rinocɛrónt]
giraffa (f)	gjirafë (f)	[ɟiráfə]
ippopotamo (m)	hipopotam (m)	[hipopotám]
canguro (m)	kangur (m)	[kaŋúr]
koala (m)	koala (f)	[koála]
mangusta (f)	mangustë (f)	[maŋústə]
cincillà (f)	çinçila (f)	[tʃíntʃíla]
moffetta (f)	qelbës (m)	[célbəs]
istrice (m)	ferrëgjatë (m)	[fɛrəɟátə]

89. Animali domestici

gatta (f)	mace (f)	[mátsɛ]
gatto (m)	maçok (m)	[matʃók]
cane (m)	qen (m)	[cɛn]
cavallo (m)	kali (m)	[káli]
stallone (m)	hamshor (m)	[hamʃór]
giumenta (f)	pelë (f)	[pélə]
mucca (f)	lopë (f)	[lópə]
toro (m)	dem (m)	[dém]
bue (m)	ka (m)	[ka]
pecora (f)	dele (f)	[délɛ]
montone (m)	dash (m)	[daʃ]
capra (f)	dhi (f)	[ði]
caprone (m)	cjap (m)	[tsjáp]
asino (m)	gomar (m)	[gomár]
mulo (m)	mushkë (f)	[múʃkə]
porco (m)	derr (m)	[dɛr]
porcellino (m)	derrkuc (m)	[dɛrkúts]
coniglio (m)	lepur (m)	[lépur]
gallina (f)	pulë (f)	[púlə]
gallo (m)	gjel (m)	[ɟél]
anatra (f)	rosë (f)	[rósə]
maschio (m) dell'anatra	rosak (m)	[rosák]
oca (f)	patë (f)	[pátə]
tacchino (m)	gjel deti i egër (m)	[ɟél déti i égər]
tacchina (f)	gjel deti (m)	[ɟél déti]
animali (m pl) domestici	kafshë shtëpiake (f)	[káfʃə ʃtəpiákɛ]
addomesticato (agg)	i zbutur	[i zbútur]
addomesticare (vt)	zbus	[zbus]
allevare (vt)	rrit	[rit]
fattoria (f)	fermë (f)	[férmə]
pollame (m)	pulari (f)	[pularí]
bestiame (m)	bagëti (f)	[bagətí]
branco (m), mandria (f)	kope (f)	[kopé]
scuderia (f)	stallë (f)	[stáɫə]
porcile (m)	stallë e derrave (f)	[stáɫə ɛ déravɛ]
stalla (f)	stallë e lopëve (f)	[stáɫə ɛ lópəvɛ]
conigliera (f)	kolibe lepujsh (f)	[kolíbɛ lépujʃ]
pollaio (m)	kotec (m)	[kotéts]

90. Uccelli

uccello (m)	zog (m)	[zog]
colombo (m), piccione (m)	pëllumb (m)	[pǝtúmb]
passero (m)	harabel (m)	[harabél]
cincia (f)	xhixhimës (m)	[dʒidʒimés]
gazza (f)	laraskë (f)	[laráskǝ]
corvo (m)	korb (m)	[korb]
cornacchia (f)	sorrë (f)	[sórǝ]
taccola (f)	galë (f)	[gálǝ]
corvo (m) nero	sorrë (f)	[sórǝ]
anatra (f)	rosë (f)	[rósǝ]
oca (f)	patë (f)	[pátǝ]
fagiano (m)	fazan (m)	[fazán]
aquila (f)	shqiponjë (f)	[ʃcipóɲǝ]
astore (m)	gjeraqinë (f)	[ɟɛracínǝ]
falco (m)	fajkua (f)	[fajkúa]
grifone (m)	hutë (f)	[hútǝ]
condor (m)	kondor (m)	[kondór]
cigno (m)	mjellmë (f)	[mjétmǝ]
gru (f)	lejlek (m)	[lɛjlék]
cicogna (f)	lejlek (m)	[lɛjlék]
pappagallo (m)	papagall (m)	[papagáł]
colibrì (m)	kolibri (m)	[kolíbri]
pavone (m)	pallua (m)	[patúa]
struzzo (m)	struc (m)	[struts]
airone (m)	çafkë (f)	[tʃáfkǝ]
fenicottero (m)	flamingo (m)	[flamíŋo]
pellicano (m)	pelikan (m)	[pɛlikán]
usignolo (m)	bilbil (m)	[bilbíl]
rondine (f)	dallëndyshe (f)	[datǝndýʃɛ]
tordo (m)	mëllenjë (f)	[mǝtéɲǝ]
tordo (m) sasello	grifsha (f)	[gríʃʃa]
merlo (m)	mëllenjë (f)	[mǝtéɲǝ]
rondone (m)	dallëndyshe (f)	[datǝndýʃɛ]
allodola (f)	thëllëzë (f)	[θǝtézǝ]
quaglia (f)	trumcak (m)	[trumtsák]
picchio (m)	qukapik (m)	[cukapík]
cuculo (m)	kukuvajkë (f)	[kukuvájkǝ]
civetta (f)	buf (m)	[buf]
gufo (m) reale	buf mbretëror (m)	[buf mbrɛtǝrór]

urogallo (m)	fazan i pyllit (m)	[fazán i pýłit]
fagiano (m) di monte	fazan i zi (m)	[fazán i zí]
pernice (f)	thëllëzë (f)	[θəłézə]

storno (m)	gargull (m)	[gárguł]
canarino (m)	kanarinë (f)	[kanarínə]
francolino (m) di monte	fazan mali (m)	[fazán máli]
fringuello (m)	trishtil (m)	[triʃtíl]
ciuffolotto (m)	trishtil dimri (m)	[triʃtíl dímri]

gabbiano (m)	pulëbardhë (f)	[puləbárðə]
albatro (m)	albatros (m)	[albatrós]
pinguino (m)	penguin (m)	[pɛŋuín]

91. Pesci. Animali marini

abramide (f)	krapuliq (m)	[krapulíc]
carpa (f)	krap (m)	[krap]
perca (f)	perç (m)	[pɛrtʃ]
pesce (m) gatto	mustak (m)	[musták]
luccio (m)	mlysh (m)	[mlýʃ]

| salmone (m) | salmon (m) | [salmón] |
| storione (m) | bli (m) | [blí] |

aringa (f)	harengë (f)	[haréŋə]
salmone (m)	salmon Atlantiku (m)	[salmón atlantíku]
scombro (m)	skumbri (m)	[skúmbri]
sogliola (f)	shojzë (f)	[ʃójzə]

lucioperca (f)	troftë (f)	[tróftə]
merluzzo (m)	merluc (m)	[mɛrlúts]
tonno (m)	tunë (f)	[túnə]
trota (f)	troftë (f)	[tróftə]

anguilla (f)	ngjalë (f)	[nɟálə]
torpedine (f)	peshk elektrik (m)	[pɛʃk ɛlɛktrík]
murena (f)	ngjalë morel (f)	[nɟálə morél]
piranha (f)	piranja (f)	[piráɲa]

squalo (m)	peshkaqen (m)	[pɛʃkacén]
delfino (m)	delfin (m)	[dɛlfín]
balena (f)	balenë (f)	[balénə]

granchio (m)	gaforre (f)	[gafórɛ]
medusa (f)	kandil deti (m)	[kandíl déti]
polpo (m)	oktapod (m)	[oktapód]

| stella (f) marina | yll deti (m) | [ył déti] |
| riccio (m) di mare | iriq deti (m) | [iríc déti] |

cavalluccio (m) marino	kalë deti (m)	[kálə déti]
ostrica (f)	midhje (f)	[míðjɛ]
gamberetto (m)	karkalec (m)	[karkaléts]
astice (m)	karavidhe (f)	[karavíðɛ]
aragosta (f)	karavidhe (f)	[karavíðɛ]

92. Anfibi. Rettili

serpente (m)	gjarpër (m)	[ɟárpər]
velenoso (agg)	helmues	[hɛlmúɛs]
vipera (f)	nepërka (f)	[nɛpérka]
cobra (m)	kobra (f)	[kóbra]
pitone (m)	piton (m)	[pitón]
boa (m)	boa (f)	[bóa]
biscia (f)	kular (m)	[kulár]
serpente (m) a sonagli	gjarpër me zile (m)	[ɟárpər mɛ zílɛ]
anaconda (f)	anakonda (f)	[anakónda]
lucertola (f)	hardhucë (f)	[harðútsə]
iguana (f)	iguana (f)	[iguána]
varano (m)	varan (m)	[varán]
salamandra (f)	salamandër (f)	[salamándər]
camaleonte (m)	kameleon (m)	[kamɛlɛón]
scorpione (m)	akrep (m)	[akrép]
tartaruga (f)	breshkë (f)	[bréʃkə]
rana (f)	bretkosë (f)	[brɛtkósə]
rospo (m)	zhabë (f)	[ʒábə]
coccodrillo (m)	krokodil (m)	[krokodíl]

93. Insetti

insetto (m)	insekt (m)	[insékt]
farfalla (f)	flutur (f)	[flútur]
formica (f)	milingonë (f)	[miliŋóne]
mosca (f)	mizë (f)	[mízə]
zanzara (f)	mushkonjë (f)	[muʃkóɲə]
scarabeo (m)	brumbull (m)	[brúmbuɫ]
vespa (f)	grerëz (f)	[grérəz]
ape (f)	bletë (f)	[blétə]
bombo (m)	greth (m)	[grɛθ]
tafano (m)	zekth (m)	[zɛkθ]
ragno (m)	merimangë (f)	[mɛrimáŋə]
ragnatela (f)	rrjetë merimange (f)	[rjétə mɛrimáɲɛ]

libellula (f)	**pilivesë** (f)	[pilivésə]
cavalletta (f)	**karkalec** (m)	[karkaléts]
farfalla (f) notturna	**molë** (f)	[mólə]
scarafaggio (m)	**kacabu** (f)	[katsabú]
zecca (f)	**rriqër** (m)	[ríɕər]
pulce (f)	**plesht** (m)	[plɛʃt]
moscerino (m)	**mushicë** (f)	[muʃítsə]
locusta (f)	**gjinkallë** (f)	[ɟinkáłə]
lumaca (f)	**kërmill** (m)	[kərmíł]
grillo (m)	**bulkth** (m)	[búlkθ]
lucciola (f)	**xixëllonjë** (f)	[dzidzəłóɲə]
coccinella (f)	**mollëkuqe** (f)	[mołəkúcɛ]
maggiolino (m)	**vizhë** (f)	[víʒə]
sanguisuga (f)	**shushunjë** (f)	[ʃuʃúɲə]
bruco (m)	**vemje** (f)	[vémjɛ]
verme (m)	**krimb toke** (m)	[krímb tókɛ]
larva (f)	**larvë** (f)	[lárvə]

T&P BOOKS

FLORA

T&P Books Publishing

albero (m)	pemë (f)	[pémə]
deciduo (agg)	gjethor	[ɟɛθór]
conifero (agg)	halor	[halór]
sempreverde (agg)	përherë të gjelbra	[pərhérə tə ɟélbra]

melo (m)	pemë molle (f)	[pémə mółɛ]
pero (m)	pemë dardhe (f)	[pémə dárðɛ]
ciliegio (m)	pemë qershie (f)	[pémə cɛrʃíɛ]
amareno (m)	pemë qershi vishnje (f)	[pémə cɛrʃí víʃɲɛ]
prugno (m)	pemë kumbulle (f)	[pémə kúmbułɛ]

betulla (f)	mështekna (f)	[məʃtékna]
quercia (f)	lis (m)	[lis]
tiglio (m)	bli (m)	[blí]
pioppo (m) tremolo	plep i egër (m)	[plɛp i égər]
acero (m)	panjë (f)	[páɲə]

abete (m)	bredh (m)	[brɛð]
pino (m)	pishë (f)	[píʃə]
larice (m)	larsh (m)	[lárʃ]

abete (m) bianco	bredh i bardhë (m)	[brɛð i bárðə]
cedro (m)	kedër (m)	[kédər]

pioppo (m)	plep (m)	[plɛp]
sorbo (m)	vadhë (f)	[váðə]

salice (m)	shelg (m)	[ʃɛlg]
alno (m)	verr (m)	[vɛr]

faggio (m)	ah (m)	[ah]
olmo (m)	elm (m)	[élm]

frassino (m)	shelg (m)	[ʃɛlg]
castagno (m)	gështenjë (f)	[gəʃtéɲə]

magnolia (f)	manjolia (f)	[maɲólia]
palma (f)	palma (f)	[pálma]
cipresso (m)	qiparis (m)	[ciparís]

mangrovia (f)	rizoforë (f)	[rizofórə]
baobab (m)	baobab (m)	[baobáb]
eucalipto (m)	eukalipt (m)	[ɛukalípt]
sequoia (f)	sekuojë (f)	[sɛkuójə]

95. Arbusti

cespuglio (m)	shkurre (f)	[ʃkúrɛ]
arbusto (m)	kaçube (f)	[katʃúbɛ]
vite (f)	hardhi (f)	[harðí]
vigneto (m)	vreshtë (f)	[vréʃtə]
lampone (m)	mjedër (f)	[mjédər]
ribes (m) nero	kaliboba e zezë (f)	[kalibóba ɛ zézə]
ribes (m) rosso	kaliboba e kuqe (f)	[kalibóba ɛ kúcɛ]
uva (f) spina	shkurre kulumbrie (f)	[ʃkúrɛ kulumbríɛ]
acacia (f)	akacie (f)	[akátsiɛ]
crespino (m)	krespinë (f)	[krɛspínə]
gelsomino (m)	jasemin (m)	[jasɛmín]
ginepro (m)	dëllinjë (f)	[dətínə]
roseto (m)	trëndafil (m)	[trəndafíl]
rosa (f) canina	trëndafil i egër (m)	[trəndafíl i égər]

96. Frutti. Bacche

frutto (m)	frut (m)	[frut]
frutti (m pl)	fruta (pl)	[frúta]
mela (f)	mollë (f)	[mótə]
pera (f)	dardhë (f)	[dárðə]
prugna (f)	kumbull (f)	[kúmbuł]
fragola (f)	luleshtrydhe (f)	[lulɛʃtrýðɛ]
amarena (f)	qershi vishnje (f)	[cɛrʃí víʃnɛ]
ciliegia (f)	qershi (f)	[cɛrʃí]
uva (f)	rrush (m)	[ruʃ]
lampone (m)	mjedër (f)	[mjédər]
ribes (m) nero	kaliboba e zezë (f)	[kalibóba ɛ zézə]
ribes (m) rosso	kaliboba e kuqe (f)	[kalibóba ɛ kúcɛ]
uva (f) spina	kulumbri (f)	[kulumbrí]
mirtillo (m) di palude	boronica (f)	[boronítsa]
arancia (f)	portokall (m)	[portokáł]
mandarino (m)	mandarinë (f)	[mandarínə]
ananas (m)	ananas (m)	[ananás]
banana (f)	banane (f)	[banánɛ]
dattero (m)	hurmë (f)	[húrmə]
limone (m)	limon (m)	[limón]
albicocca (f)	kajsi (f)	[kajsí]

pesca (f)	pjeshkë (f)	[pjéʃkə]
kiwi (m)	kivi (m)	[kívi]
pompelmo (m)	grejpfrut (m)	[grɛjpfrút]

bacca (f)	manë (f)	[mánə]
bacche (f pl)	mana (f)	[mána]
mirtillo (m) rosso	boronicë mirtile (f)	[boronítsə mirtílɛ]
fragola (f) di bosco	luleshtrydhe e egër (f)	[lulɛʃtrýðɛ ɛ égər]
mirtillo (m)	boronicë (f)	[boronítsə]

97. Fiori. Piante

| fiore (m) | lule (f) | [lúlɛ] |
| mazzo (m) di fiori | buqetë (f) | [bucétə] |

rosa (f)	trëndafil (m)	[trəndafíl]
tulipano (m)	tulipan (m)	[tulipán]
garofano (m)	karafil (m)	[karafíl]
gladiolo (m)	gladiolë (f)	[gladiólə]

fiordaliso (m)	lule misri (f)	[lúlɛ mísri]
campanella (f)	lule këmborë (f)	[lúlɛ kəmbórə]
soffione (m)	luleradhiqe (f)	[lulɛraðícɛ]
camomilla (f)	kamomil (m)	[kamomíl]

aloe (m)	aloe (f)	[alóɛ]
cactus (m)	kaktus (m)	[kaktús]
ficus (m)	fikus (m)	[fíkus]

giglio (m)	zambak (m)	[zambák]
geranio (m)	barbarozë (f)	[barbarózə]
giacinto (m)	zymbyl (m)	[zymbýl]

mimosa (f)	mimoza (f)	[mimóza]
narciso (m)	narcis (m)	[nartsís]
nasturzio (m)	lule këmbore (f)	[lúlɛ kəmbórɛ]

orchidea (f)	orkide (f)	[orkidé]
peonia (f)	bozhure (f)	[boʒúrɛ]
viola (f)	vjollcë (f)	[vjóɫtsə]

viola (f) del pensiero	lule vjollca (f)	[lúlɛ vjóɫtsa]
nontiscordardimé (m)	mosmëharro (f)	[mosməharó]
margherita (f)	margaritë (f)	[margarítə]

papavero (m)	lulëkuqe (f)	[luləkúcɛ]
canapa (f)	kërp (m)	[kérp]
menta (f)	mendër (f)	[méndər]
mughetto (m)	zambak i fushës (m)	[zambák i fúʃəs]
bucaneve (m)	luleborë (f)	[lulɛbórə]

ortica (f)	hithra (f)	[híθra]
acetosa (f)	lëpjeta (f)	[ləpjéta]
ninfea (f)	zambak uji (m)	[zambák úji]
felce (f)	fier (m)	[fíɛɾ]
lichene (m)	likene (f)	[likénɛ]

serra (f)	serrë (f)	[sérə]
prato (m) erboso	lëndinë (f)	[ləndínə]
aiuola (f)	kënd lulishteje (m)	[kənd lulíʃtɛjɛ]

pianta (f)	bimë (f)	[bímə]
erba (f)	bar (m)	[baɾ]
filo (m) d'erba	fije bari (f)	[fíjɛ bári]

foglia (f)	gjeth (m)	[ɟɛθ]
petalo (m)	petale (f)	[pɛtálɛ]
stelo (m)	bisht (m)	[biʃt]
tubero (m)	zhardhok (m)	[ʒarðók]

| germoglio (m) | filiz (m) | [filíz] |
| spina (f) | gjemb (m) | [ɟémb] |

fiorire (vi)	lulëzoj	[luləzój]
appassire (vi)	vyshket	[výʃkɛt]
odore (m), profumo (m)	aromë (f)	[arómə]
tagliare (~ i fiori)	pres lulet	[prɛs lúlɛt]
cogliere (vt)	mbledh lule	[mbléð lúlɛ]

98. Cereali, granaglie

grano (m)	drithë (m)	[dríθə]
cereali (m pl)	drithëra (pl)	[dríθəra]
spiga (f)	kaush (m)	[kaúʃ]

frumento (m)	grurë (f)	[grúrə]
segale (f)	thekër (f)	[θékər]
avena (f)	tërshërë (f)	[tərʃérə]

| miglio (m) | mel (m) | [mɛl] |
| orzo (m) | elb (m) | [ɛlb] |

mais (m)	misër (m)	[mísər]
riso (m)	oriz (m)	[oríz]
grano (m) saraceno	hikërr (m)	[híkər]

pisello (m)	bizele (f)	[bizélɛ]
fagiolo (m)	groshë (f)	[gróʃə]
soia (f)	sojë (f)	[sójə]
lenticchie (f pl)	thjerrëz (f)	[θjérəz]
fave (f pl)	fasule (f)	[fasúlɛ]

T&P BOOKS

PAESI

T&P Books Publishing

Afghanistan (m)	Afganistan (m)	[afganistán]
Albania (f)	Shqipëri (f)	[ʃcipərí]
Arabia Saudita (f)	Arabia Saudite (f)	[arabía saudítɛ]
Argentina (f)	Argjentinë (f)	[arɟɛntínə]
Armenia (f)	Armeni (f)	[armɛní]
Australia (f)	Australia (f)	[australía]
Austria (f)	Austri (f)	[austrí]
Azerbaigian (m)	Azerbajxhan (m)	[azɛrbajdʒán]

Le Bahamas	Bahamas (m)	[bahámas]
Bangladesh (m)	Bangladesh (m)	[baŋladéʃ]
Belgio (m)	Belgjikë (f)	[bɛʎíkə]
Bielorussia (f)	Bjellorusi (f)	[bjɛɫorusí]
Birmania (f)	Mianmar (m)	[mianmár]
Bolivia (f)	Bolivi (f)	[bolliví]
Bosnia-Erzegovina (f)	Bosnje Herzegovina (f)	[bósɲɛ hɛrzɛgovína]
Brasile (m)	Brazil (m)	[brazíl]
Bulgaria (f)	Bullgari (f)	[buɫgarí]
Cambogia (f)	Kamboxhia (f)	[kambódʒia]
Canada (m)	Kanada (f)	[kanadá]
Cile (m)	Kili (m)	[kíli]
Cina (f)	Kinë (f)	[kínə]
Cipro (m)	Qipro (f)	[cípro]
Colombia (f)	Kolumbi (f)	[kolumbí]
Corea (f) del Nord	Korea e Veriut (f)	[koréa ɛ vériut]
Corea (f) del Sud	Korea e Jugut (f)	[koréa ɛ júgut]
Croazia (f)	Kroaci (f)	[kroatsí]
Cuba (f)	Kuba (f)	[kúba]

Danimarca (f)	Danimarkë (f)	[danimárkə]
Ecuador (m)	Ekuador (m)	[ɛkuadór]
Egitto (m)	Egjipt (m)	[ɛɟípt]
Emirati (m pl) Arabi	Emiratet e Bashkuara Arabe (pl)	[ɛmirátɛt ɛ baʃkúara arábɛ]
Estonia (f)	Estoni (f)	[ɛstoní]
Finlandia (f)	Finlandë (f)	[finlándə]
Francia (f)	Francë (f)	[frántsə]

| Georgia (f) | Gjeorgji (f) | [ɟɛorɟí] |
| Germania (f) | Gjermani (f) | [ɟɛrmaní] |

Ghana (m)	Gana (f)	[gána]
Giamaica (f)	Xhamajka (f)	[dʒamájka]
Giappone (m)	Japoni (f)	[japoní]
Giordania (f)	Jordani (f)	[jordaní]
Gran Bretagna (f)	Britani e Madhe (f)	[brítani ɛ máðɛ]
Grecia (f)	Greqi (f)	[grɛcí]

Haiti (m)	Haiti (m)	[haíti]
India (f)	Indi (f)	[indí]
Indonesia (f)	Indonezi (f)	[indonɛzí]
Inghilterra (f)	Angli (f)	[aŋlí]
Iran (m)	Iran (m)	[irán]
Iraq (m)	Irak (m)	[irak]
Irlanda (f)	Irlandë (f)	[irlándə]
Islanda (f)	Islandë (f)	[islándə]
Israele (m)	Izrael (m)	[izraél]
Italia (f)	Itali (f)	[italí]

Kazakistan (m)	Kazakistan (m)	[kazakistán]
Kenya (m)	Kenia (f)	[kénia]
Kirghizistan (m)	Kirgistan (m)	[kirgistán]
Kuwait (m)	Kuvajt (m)	[kuvájt]
Laos (m)	Laos (m)	[láos]
Lettonia (f)	Letoni (f)	[lɛtoní]
Libano (m)	Liban (m)	[libán]
Libia (f)	Libia (f)	[libía]
Liechtenstein (m)	Lichtenstein (m)	[litshtɛnstéin]
Lituania (f)	Lituani (f)	[lituaní]
Lussemburgo (m)	Luksemburg (m)	[luksɛmbúrg]

Macedonia (f)	Maqedonia (f)	[macɛdonía]
Madagascar (m)	Madagaskar (m)	[madagaskár]
Malesia (f)	Malajzi (f)	[malajzí]
Malta (f)	Maltë (f)	[máltə]
Marocco (m)	Marok (m)	[marók]
Messico (m)	Meksikë (f)	[mɛksíkə]
Moldavia (f)	Moldavi (f)	[moldaví]
Monaco (m)	Monako (f)	[monáko]
Mongolia (f)	Mongoli (f)	[moŋolí]
Montenegro (m)	Mali i Zi (m)	[máli i zí]

Namibia (f)	Namibia (f)	[namíbia]
Nepal (m)	Nepal (m)	[nɛpál]
Norvegia (f)	Norvegji (f)	[norvɛɟí]
Nuova Zelanda (f)	Zelandë e Re (f)	[zɛlándə ɛ ré]

101. Paesi. Parte 3

| Paesi Bassi (m pl) | Holandë (f) | [holándə] |
| Pakistan (m) | Pakistan (m) | [pakistán] |

Palestina (f)	**Palestinë** (f)	[palɛstínə]
Panama (m)	**Panama** (f)	[panamá]
Paraguay (m)	**Paraguai** (m)	[paraguái]
Perù (m)	**Peru** (f)	[pɛrú]
Polinesia (f) Francese	**Polinezia Franceze** (f)	[polinɛzía frantsézɛ]
Polonia (f)	**Poloni** (f)	[poloní]
Portogallo (f)	**Portugali** (f)	[portugalí]

Repubblica (f) Ceca	**Republika Çeke** (f)	[rɛpublíka tʃékɛ]
Repubblica (f) Dominicana	**Republika Dominikane** (f)	[rɛpublíka dominikánɛ]
Repubblica (f) Sudafricana	**Afrika e Jugut** (f)	[afríka ɛ júgut]
Romania (f)	**Rumani** (f)	[rumaní]
Russia (f)	**Rusi** (f)	[rusí]

Scozia (f)	**Skoci** (f)	[skotsí]
Senegal (m)	**Senegal** (m)	[sɛnɛgál]
Serbia (f)	**Serbi** (f)	[sɛrbí]
Siria (f)	**Siri** (f)	[sirí]
Slovacchia (f)	**Sllovaki** (f)	[sɫovakí]
Slovenia (f)	**Sllovenia** (f)	[sɫovɛnía]

Spagna (f)	**Spanjë** (f)	[spáɲə]
Stati (m pl) Uniti d'America	**Shtetet e Bashkuara të Amerikës**	[ʃtétɛt ɛ baʃkúara tə amɛríkəs]
Suriname (m)	**Surinam** (m)	[surinám]
Svezia (f)	**Suedi** (f)	[suɛdí]
Svizzera (f)	**Zvicër** (f)	[zvítsər]

Tagikistan (m)	**Taxhikistan** (m)	[tadʒikistán]
Tailandia (f)	**Tajlandë** (f)	[tajlándə]
Taiwan (m)	**Tajvan** (m)	[tajván]
Tanzania (f)	**Tanzani** (f)	[tanzaní]
Tasmania (f)	**Tasmani** (f)	[tasmaní]
Tunisia (f)	**Tunizi** (f)	[tunizí]
Turchia (f)	**Turqi** (f)	[turcí]
Turkmenistan (m)	**Turkmenistan** (m)	[turkmɛnistán]

Ucraina (f)	**Ukrainë** (f)	[ukraínə]
Ungheria (f)	**Hungari** (f)	[huŋarí]
Uruguay (m)	**Uruguai** (m)	[uruguái]
Uzbekistan (m)	**Uzbekistan** (m)	[uzbɛkistán]

Vaticano (m)	**Vatikan** (m)	[vatikán]
Venezuela (f)	**Venezuelë** (f)	[vɛnɛzuélə]
Vietnam (m)	**Vietnam** (m)	[viɛtnám]
Zanzibar	**Zanzibar** (m)	[zanzibár]

T&P BOOKS

DIZIONARIO
GASTRONOMICO

Questa sezione contiene
molti vocaboli e termini
collegati ai generi alimentari.
Questo dizionario renderà
più facile la comprensione
del menù al ristorante per
scegliere il piatto che più
vi piace

T&P Books Publishing

Italiano-Albanese dizionario gastronomico

Italiano	Albanese	Pronuncia
abramide (f)	krapuliq (m)	[krapulíc]
aceto (m)	uthull (f)	[úθuɬ]
acqua (f)	ujë (m)	[újə]
acqua (f) minerale	ujë mineral (m)	[újə minɛrál]
acqua (f) potabile	ujë i pijshëm (m)	[újə i píʃʃəm]
affumicato	i tymosur	[i tymósur]
aglio (m)	hudhër (f)	[húðər]
agnello (m)	mish qengji (m)	[miʃ cénɟi]
al cioccolato	prej çokollate	[prɛj tʃokoɬátɛ]
albicocca (f)	kajsi (f)	[kajsí]
albume (m)	e bardhë veze (f)	[ɛ bárðə vézɛ]
alloro (m)	gjeth dafine (m)	[ɟɛθ dafínɛ]
amarena (f)	qershi vishnje (f)	[cɛrʃí víʃɲɛ]
amaro	i hidhur	[i híður]
analcolico	jo alkoolik	[jo alkoolík]
ananas (m)	ananas (m)	[ananás]
anatra (f)	rosë (f)	[rósə]
aneto (m)	kopër (f)	[kópər]
anguilla (f)	ngjalë (f)	[ɲɟálə]
anguria (f)	shalqi (m)	[ʃalcí]
anice (m)	anisetë (f)	[anisétə]
antipasto (m)	antipastë (f)	[antipástə]
aperitivo (m)	aperitiv (m)	[apɛritív]
appetito (m)	oreks (m)	[oréks]
apribottiglie (m)	hapëse shishesh (f)	[hapəsə ʃíʃɛʃ]
apriscatole (m)	hapëse kanoçesh (f)	[hapəsə kanótʃɛʃ]
arachide (f)	kikirik (m)	[kikirík]
aragosta (f)	karavidhe (f)	[karavíðɛ]
arancia (f)	portokall (m)	[portokáɬ]
aringa (f)	harengë (f)	[haréɲə]
asparago (m)	asparagus (m)	[asparágus]
avena (f)	tërshërë (f)	[tərʃérə]
avocado (m)	avokado (f)	[avokádo]
bacca (f)	manë (f)	[mánə]
bacche (f pl)	mana (f)	[mána]
banana (f)	banane (f)	[banánɛ]
barbabietola (f)	panxhar (m)	[pandʒár]
barista (m)	banakier (m)	[banakiér]
basilico (m)	borzilok (m)	[borzilók]
bevanda (f) analcolica	pije e lehtë (f)	[píjɛ ɛ léhtə]
bevande (f pl) alcoliche	likere (pl)	[likérɛ]
bibita (f)	pije freskuese (f)	[píjɛ frɛskúɛsɛ]
bicchiere (m)	gotë (f)	[gótə]
birra (f)	birrë (f)	[bírə]

birra (f) chiara	birrë e lehtë (f)	[bírǝ ɛ léhtǝ]
birra (f) scura	birrë e zezë (f)	[bírǝ ɛ zézǝ]
biscotti (m pl)	biskota (pl)	[biskóta]
bistecca (f)	biftek (m)	[biftέk]
boleto (m) rufo	kërpudhë	[kǝrpúðǝ
	kapuç-verdhë (f)	kapútʃ-vérðǝ]
bollito	i zier	[i zíɛr]
briciola (f)	dromcë (f)	[drómtsǝ]
broccolo (m)	brokoli (m)	[brókoli]
brodo (m)	lëng mishi (m)	[lǝŋ míʃi]
buccia (f)	lëkurë (f)	[lǝkúrǝ]
budino (m)	puding (m)	[pudíŋ]
Buon appetito!	Të bëftë mirë!	[tǝ bǝftǝ mírǝ!]
buono, gustoso	i shijshëm	[i ʃíjʃǝm]
burro (m)	gjalp (m)	[ɟalp]
cacciagione (f)	gjah (m)	[ɟáh]
caffè (m)	kafe (f)	[káfɛ]
caffè (m) nero	kafe e zezë (f)	[káfɛ ɛ zézǝ]
caffè (m) solubile	neskafe (f)	[nɛskáfɛ]
caffè latte (m)	kafe me qumësht (m)	[káfɛ mɛ cúmǝʃt]
calamaro (m)	kallamarë (f)	[kaɫamárǝ]
caldo	i nxehtë	[i ndzéhtǝ]
calice (m)	gotë vere (f)	[gótǝ vérɛ]
caloria (f)	kalori (f)	[kalorí]
cameriera (f)	kameriere (f)	[kamɛriérɛ]
cameriere (m)	kamerier (m)	[kamɛriér]
cannella (f)	kanellë (f)	[kanéɫǝ]
cappuccino (m)	kapuçino (m)	[kaputʃíno]
caramella (f)	karamele (f)	[karamélɛ]
carboidrati (m pl)	karbohidrat (m)	[karbohidrát]
carciofo (m)	angjinare (f)	[anɟinárɛ]
carne (f)	mish (m)	[miʃ]
carne (f) trita	hamburger (m)	[hamburgér]
carota (f)	karotë (f)	[karótǝ]
carpa (f)	krap (m)	[krap]
cavatappi (m)	turjelë tapash (f)	[turjélǝ tápaʃ]
caviale (m)	havjar (m)	[havjár]
cavoletti (m pl) di Bruxelles	lakër Brukseli (f)	[lákǝr brukséli]
cavolfiore (m)	lulelakër (f)	[lʊlɛlákǝr]
cavolo (m)	lakër (f)	[lákǝr]
cena (f)	darkë (f)	[dárkǝ]
cereali (m pl)	drithëra (pl)	[dríθǝra]
cereali (m pl)	drithëra (pl)	[dríθǝra]
cetriolo (m)	kastravec (m)	[kastravéts]
champagne (m)	shampanjë (f)	[ʃampáɲǝ]
chiodi (m pl) di garofano	karafil (m)	[karafíl]
cibi (m pl) in scatola	konserva (f)	[konsérva]
cibo (m)	ushqim (m)	[uʃcím]
ciliegia (f)	qershi (f)	[cɛrʃí]
cioccolato (m)	çokollatë (f)	[tʃokoɫátǝ]
cipolla (f)	qepë (f)	[cépǝ]

cocktail (m)	koktej (m)	[koktéj]
cognac (m)	konjak (m)	[koɲák]
colazione (f)	mëngjes (m)	[mənɟés]
coltello (m)	thikë (f)	[θíkə]
con ghiaccio	me akull	[mɛ ákuɫ]
condimento (m)	salcë (f)	[sáltsə]
congelato	i ngrirë	[i ŋrírə]
coniglio (m)	mish lepuri (m)	[miʃ lépuri]
conto (m)	faturë (f)	[fatúrə]
contorno (m)	garniturë (f)	[garnitúrə]
coriandolo (m)	koriandër (m)	[koriándər]
crema (f)	krem gjalpi (m)	[krɛm ɟálpi]
cren (m)	rrepë djegëse (f)	[répə djégəsɛ]
crostacei (m pl)	krustace (pl)	[krustátsɛ]
crostata (f)	tortë (f)	[tórtə]
cucchiaino (m) da tè	lugë çaji (f)	[lúgə tʃáji]
cucchiaio (m)	lugë (f)	[lúgə]
cucchiaio (m)	lugë gjelle (f)	[lúgə ɟéɫɛ]
cucina (f)	kuzhinë (f)	[kuʒínə]
cumino, comino (m)	kumin (m)	[kumín]
dattero (m)	hurmë (f)	[húrmə]
dieta (f)	dietë (f)	[diétə]
dolce	i ëmbël	[i ə́mbəl]
dolce (m)	ëmbëlsirë (f)	[əmbəlsírə]
fagiolo (m)	groshë (f)	[gróʃə]
farina (f)	miell (m)	[míɛɫ]
fave (f pl)	fasule (f)	[fasúlɛ]
fegato (m)	mëlçi (f)	[məltʃí]
fetta (f), fettina (f)	fetë (f)	[fétə]
fico (m)	fik (m)	[fik]
fiocchi (m pl) di mais	kornfleiks (m)	[kornfléiks]
forchetta (f)	pirun (m)	[pirún]
formaggio (m)	djath (m)	[djáθ]
fragola (f)	luleshtrydhe (f)	[lulɛʃtrýðɛ]
fragola (f) di bosco	luleshtrydhe e egër (f)	[lulɛʃtrýðɛ ɛ égər]
freddo	i ftohtë	[i ftóhtə]
frittata (f)	omëletë (f)	[omələ́tə]
fritto	i skuqur	[i skúcur]
frizzante	ujë i gazuar	[újə i gazúar]
frullato (m)	milkshake (f)	[milkʃákɛ]
frumento (m)	grurë (f)	[grúrə]
frutti (m pl)	fruta (pl)	[frúta]
frutti (m pl) di mare	fruta deti (pl)	[frúta déti]
frutto (m)	frut (m)	[frut]
fungo (m)	kërpudhë (f)	[kərpúðə]
fungo (m) commestibile	kërpudhë ushqyese (f)	[kərpúðə uʃcýɛsɛ]
fungo (m) moscario	kërpudha e vdekjes (f)	[kərpúða ɛ vdékjɛs]
fungo (m) velenoso	kërpudhë helmuese (f)	[kərpúðə hɛlmúɛsɛ]
gallinaccio (m)	shanterele (f)	[ʃantɛrélɛ]
gamberetto (m)	karkalec (m)	[karkaléts]
gassata	ujë i karbonuar	[újə i karbonúar]
gelato (m)	akullore (f)	[akuɫórɛ]

ghiaccio (m)	akull (m)	[ákuɫ]
gin (m)	xhin (m)	[dʒin]
gomma (f) da masticare	çamçakëz (m)	[tʃamtʃakéz]
granchio (m)	gaforre (f)	[gafórɛ]
grano (m)	drithë (m)	[drίθə]
grano (m) saraceno	hikërr (m)	[híkər]
grassi (m pl)	yndyrë (f)	[yndýrə]
gusto (m)	shije (f)	[ʃíjɛ]
hamburger (m)	hamburger	[hamburgér]
insalata (f)	sallatë (f)	[saɫátə]
ippoglosso (m)	shojzë e Atlantikut Verior (f)	[ʃójzə ɛ atlantíkut vɛriór]
kiwi (m)	kivi (m)	[kívi]
lampone (m)	mjedër (f)	[mjédər]
latte (m)	qumësht (m)	[cúməʃt]
latte (m) condensato	qumësht i kondensuar (m)	[cúməʃt i kondɛnsúar]
lattuga (f)	sallatë jeshile (f)	[saɫátə jɛʃílɛ]
lenticchie (f pl)	thjerrëz (f)	[θjérəz]
limonata (f)	limonadë (f)	[limonádə]
limone (m)	limon (m)	[limón]
lingua (f)	gjuhë (f)	[ɟúhə]
liquore (m)	liker (m)	[likér]
liscia, non gassata	ujë natyral	[újə natyrál]
lista (f) dei vini	menu verërash (f)	[mɛnú vérəraʃ]
luccio (m)	mlysh (m)	[mlýʃ]
lucioperca (f)	troftë (f)	[tróftə]
maiale (m)	mish derri (m)	[miʃ déri]
maionese (m)	majonezë (f)	[majonézə]
mais (m)	misër (m)	[mísər]
mais (m)	misër (m)	[mísər]
mancia (f)	bakshish (m)	[bakʃíʃ]
mandarino (m)	mandarinë (f)	[mandarínə]
mandorla (f)	bajame (f)	[bajámɛ]
mango (m)	mango (f)	[máŋo]
manzo (m)	mish lope (m)	[miʃ lópɛ]
margarina (f)	margarinë (f)	[margarínə]
marmellata (f)	reçel (m)	[rɛtʃél]
marmellata (f)	reçel (m)	[rɛtʃél]
marmellata (f) di agrumi	marmelatë (f)	[marmɛlátə]
mela (f)	mollë (f)	[móɫə]
melagrana (f)	shegë (f)	[ʃégə]
melanzana (f)	patëllxhan (m)	[patəɫdʒán]
melone (m)	pjepër (m)	[pjépər]
menù (m)	menu (f)	[mɛnú]
merluzzo (m)	merluc (m)	[mɛrlúts]
miele (m)	mjaltë (f)	[mjáltə]
miglio (m)	mel (m)	[mɛl]
minestra (f)	supë (f)	[súpə]
mirtillo (m)	boronicë (f)	[boroníʦə]
mirtillo (m) di palude	boronica (f)	[boroníʦa]
mirtillo (m) rosso	boronicë mirtile (f)	[boroníʦə mirtílɛ]
mora (f)	manaferra (f)	[manaféra]

nocciola (f)	lajthi (f)	[lajθí]
noce (f)	arrë (f)	[árə]
noce (f) di cocco	arrë kokosi (f)	[árə kokósi]
oca (f)	patë (f)	[pátə]
olio (m) d'oliva	vaj ulliri (m)	[vaj utíri]
olio (m) di girasole	vaj luledielli (m)	[vaj lulɛdiéti]
olio (m) vegetale	vaj vegjetal (m)	[vaj vɛɟɛtál]
olive (f pl)	ullinj (pl)	[utíɲ]
ortaggi (m pl)	perime (pl)	[pɛrímɛ]
orzo (m)	elb (m)	[ɛlb]
ostrica (f)	midhje (f)	[míðjɛ]
ovolaccio (m)	kësulkuqe (f)	[kəsulkúcɛ]
pâté (m)	pate (f)	[paté]
pancetta (f)	proshutë (f)	[proʃútə]
pane (m)	bukë (f)	[búkə]
panino (m)	sandviç (m)	[sandvítʃ]
panna (f)	krem qumështi (m)	[krɛm cúməʃti]
panna (f) acida	salcë kosi (f)	[sáltsə kosi]
papaia (f)	papaja (f)	[papája]
paprica (f)	spec (m)	[spɛts]
pasta (f)	makarona (f)	[makaróna]
pasticceria (f)	ëmbëlsira (pl)	[əmbəlsíra]
patata (f)	patate (f)	[patátɛ]
pepe (m) nero	piper i zi (m)	[pipér i zi]
peperoncino (m)	piper i kuq (m)	[pipér i kuc]
peperone (m)	spec (m)	[spɛts]
pera (f)	dardhë (f)	[dárðə]
perca (f)	perç (m)	[pɛrtʃ]
pesca (f)	pjeshkë (f)	[pjéʃkə]
pesce (m)	peshk (m)	[pɛʃk]
pesce (m) gatto	mustak (m)	[musták]
pezzo (m)	copë (f)	[tsópə]
piattino (m)	pjatë filxhani (f)	[pjátə fildʒáni]
piatto (m)	pjatë (f)	[pjátə]
piatto (m)	pjatë (f)	[pjátə]
pisello (m)	bizele (f)	[bizélɛ]
pistacchi (m pl)	fëstëk (m)	[fəsték]
pizza (f)	pica (f)	[pítsa]
pollo (m)	pulë (f)	[púlə]
pomodoro (m)	domate (f)	[domátɛ]
pompelmo (m)	grejpfrut (m)	[grɛjpfrút]
porcinello (m)	porcinela (f)	[portsinéla]
porcino (m)	porcini (m)	[portsíni]
porridge (m)	qull (m)	[cut]
porzione (f)	racion (m)	[ratsión]
pranzo (m)	drekë (f)	[drékə]
prezzemolo (m)	majdanoz (m)	[majdanóz]
prosciutto (m)	sallam (m)	[satám]
prosciutto (m) affumicato	kofshë derri (f)	[kófʃə déri]
proteine (f pl)	proteinë (f)	[protɛínə]
prugna (f)	kumbull (f)	[kúmbut]
pub (m), bar (m)	pab (m), pijetore (f)	[pab], [pijɛtórɛ]

purè (m) di patate	pure patatesh (f)	[puré patátɛʃ]
rapa (f)	rrepë (f)	[répə]
ravanello (m)	rrepkë (f)	[répkə]
retrogusto (m)	shije (f)	[ʃíjɛ]
ribes (m) nero	kaliboba e zezë (f)	[kalibóba ɛ zézə]
ribes (m) rosso	kaliboba e kuqe (f)	[kalibóba ɛ kúcɛ]
ricetta (f)	recetë (f)	[rɛtsétə]
ripieno (m)	mbushje (f)	[mbúʃjɛ]
riso (m)	oriz (m)	[oríz]
rossola (f)	rusula (f)	[rúsula]
rum (m)	rum (m)	[rum]
salame (m)	salsiçe (f)	[salsítʃɛ]
salato	i kripur	[i krípur]
sale (m)	kripë (f)	[krípə]
salmone (m)	salmon (m)	[salmón]
salmone (m)	salmon Atlantiku (m)	[salmón atlantíku]
salsa (f)	salcë (f)	[sáltsə]
sardina (f)	sardele (f)	[sardélɛ]
scombro (m)	skumbri (m)	[skúmbri]
secco	i tharë	[i θárə]
sedano (m)	selino (f)	[sɛlíno]
segale (f)	thekër (f)	[θékər]
senape (f)	mustardë (f)	[mustárdə]
sesamo (m)	susam (m)	[susám]
sogliola (f)	shojzë (f)	[ʃójzə]
soia (f)	sojë (f)	[sójə]
sottoaceto	i marinuar	[i marinúar]
spaghetti (m pl)	shpageti (pl)	[ʃpagéti]
spezie (f pl)	erëz (f)	[érəz]
spiga (f)	kaush (m)	[kaúʃ]
spinaci (m pl)	spinaq (m)	[spinác]
spremuta (f)	lëng frutash i freskët (m)	[lən frútaʃ i fréskət]
spugnola (f)	morele (f)	[morélɛ]
squalo (m)	peshkaqen (m)	[pɛʃkacén]
storione (m)	bli (m)	[blí]
stuzzicadenti (m)	kruajtëse dhëmbësh (f)	[krúajtəsɛ ðámbəʃ]
succo (m)	lëng frutash (m)	[lən frútaʃ]
succo (m) d'arancia	lëng portokalli (m)	[lən portokáłi]
succo (m) di pomodoro	lëng domatesh (m)	[lən domátɛʃ]
tè (m)	çaj (m)	[tʃáj]
tè (m) nero	çaj i zi (m)	[tʃáj i zí]
tè (m) verde	çaj jeshil (m)	[tʃáj jɛʃíl]
tacchino (m)	mish gjel deti (m)	[miʃ ɟɛl déti]
tagliatelle (f pl)	makarona petë (f)	[makaróna pétə]
tazza (f)	filxhan (m)	[fildʒán]
tonno (m)	tunë (f)	[túnə]
torta (f)	tortë (f)	[tórtə]
tortina (t)	kek (m)	[kék]
trota (f)	troftë (f)	[tróftə]
tuorlo (m)	e verdhë veze (f)	[ɛ vérðə vézɛ]
uova (f pl)	vezë (pl)	[vézə]
uova (f pl) al tegamino	vezë të skuqura (pl)	[véza tə skúcura]

uovo (m)	ve (f)	[vɛ]
uva (f)	rrush (m)	[ruʃ]
uva (f) spina	kulumbri (f)	[kulumbrí]
uvetta (f)	rrush i thatë (m)	[ruʃ i θátə]
vegetariano	vegjetarian	[vɛɟɛtarián]
vegetariano (m)	vegjetarian (m)	[vɛɟɛtarián]
verdura (f)	zarzavate (pl)	[zarzavátɛ]
vermouth (m)	vermut (m)	[vɛrmút]
vino (m)	verë (f)	[vérə]
vino (m) bianco	verë e bardhë (f)	[vérə ɛ bárðə]
vino (m) rosso	verë e kuqe (f)	[vérə ɛ kúcɛ]
vitamina (f)	vitaminë (f)	[vitamínə]
vitello (m)	mish viçi (m)	[miʃ vítʃi]
vodka (f)	vodkë (f)	[vódkə]
würstel (m)	salsiçe vjeneze (f)	[salsítʃɛ vjɛnézɛ]
wafer (m)	vafera (pl)	[vaféra]
whisky	uiski (m)	[víski]
yogurt (m)	kos (m)	[kos]
zafferano (m)	shafran (m)	[ʃafrán]
zenzero (m)	xhenxhefil (m)	[dʒɛndʒɛfíl]
zucca (f)	kungull (m)	[kúɲuɫ]
zucchero (m)	sheqer (m)	[ʃɛcér]
zucchina (f)	kungulleshë (m)	[kuɲuɫéʃə]

Albanese-Italiano dizionario gastronomico

çaj (m)	[tʃáj]	tè (m)
çaj i zi (m)	[tʃáj i zí]	tè (m) nero
çaj jeshil (m)	[tʃáj jɛʃíl]	tè (m) verde
çamçakëz (m)	[tʃamtʃakéz]	gomma (f) da masticare
çokollatë (f)	[tʃokołátə]	cioccolato (m)
ëmbëlsirë (f)	[əmbəlsírə]	dolce (m)
ëmbëlsira (pl)	[əmbəlsíra]	pasticceria (f)
akull (m)	[ákuł]	ghiaccio (m)
akullore (f)	[akułórɛ]	gelato (m)
ananas (m)	[ananás]	ananas (m)
angjinare (f)	[anɟinárɛ]	carciofo (m)
anisetë (f)	[anisétə]	anice (m)
antipastë (f)	[antipástə]	antipasto (m)
aperitiv (m)	[apɛritív]	aperitivo (m)
arrë (f)	[árə]	noce (f)
arrë kokosi (f)	[árə kokósi]	noce (f) di cocco
asparagus (m)	[asparágus]	asparago (m)
avokado (f)	[avokádo]	avocado (m)
bajame (f)	[bajámɛ]	mandorla (f)
bakshish (m)	[bakʃíʃ]	mancia (f)
banakier (m)	[banakiér]	barista (m)
banane (f)	[banánɛ]	banana (f)
biftek (m)	[bifték]	bistecca (f)
birrë (f)	[bírə]	birra (f)
birrë e lehtë (f)	[bírə ɛ léhtə]	birra (f) chiara
birrë e zezë (f)	[bírə ɛ zézə]	birra (f) scura
biskota (pl)	[biskóta]	biscotti (m pl)
bizele (f)	[bizélɛ]	pisello (m)
bli (m)	[blí]	storione (m)
boronicë (f)	[boronítsə]	mirtillo (m)
boronicë mirtile (f)	[boronítsə mirtílɛ]	mirtillo (m) rosso
boronica (f)	[boronítsa]	mirtillo (m) di palude
borzilok (m)	[borzilók]	basilico (m)
brokoli (m)	[brókoli]	broccolo (m)
bukë (f)	[búkə]	pane (m)
copë (f)	[tsópə]	pezzo (m)
dardhë (f)	[dárðə]	pera (f)
darkë (f)	[dárkə]	cena (f)
dietë (f)	[diétə]	dieta (f)
djathi (m)	[djáθ]	formaggio (m)
domate (f)	[domátɛ]	pomodoro (m)
drekë (f)	[drékə]	pranzo (m)
drithë (m)	[dríθə]	grano (m)
drithëra (pl)	[dríθəra]	cereali (m pl)

drithëra (pl)	[dríθǝra]	cereali (m pl)
dromcë (f)	[drómtsǝ]	briciola (f)
e bardhë veze (f)	[ɛ bárðǝ vézɛ]	albume (m)
e verdhë veze (f)	[ɛ vérðǝ vézɛ]	tuorlo (m)
elb (m)	[ɛlb]	orzo (m)
erëz (f)	[érǝz]	spezie (f pl)
fëstëk (m)	[fǝsták]	pistacchi (m pl)
fasule (f)	[fasúlɛ]	fave (f pl)
faturë (f)	[fatúrǝ]	conto (m)
fetë (f)	[fétǝ]	fetta (f), fettina (f)
fik (m)	[fik]	fico (m)
filxhan (m)	[fildʒán]	tazza (f)
frut (m)	[frut]	frutto (m)
fruta (pl)	[frúta]	frutti (m pl)
fruta deti (pl)	[frúta déti]	frutti (m pl) di mare
gaforre (f)	[gafórɛ]	granchio (m)
garniturë (f)	[garnitúrǝ]	contorno (m)
gjah (m)	[ɟáh]	cacciagione (f)
gjalp (m)	[ɟalp]	burro (m)
gjeth dafine (m)	[ɟɛθ dafínɛ]	alloro (m)
gjuhë (f)	[ɟúhǝ]	lingua (f)
gotë (f)	[gótǝ]	bicchiere (m)
gotë vere (f)	[gótǝ vérɛ]	calice (m)
grejpfrut (m)	[grɛjpfrút]	pompelmo (m)
groshë (f)	[gróʃǝ]	fagiolo (m)
grurë (f)	[grúrǝ]	frumento (m)
hamburger	[hamburgér]	hamburger (m)
hamburger (m)	[hamburgér]	carne (f) trita
hapëse kanoçesh (f)	[hapǝsé kanótʃɛʃ]	apriscatole (m)
hapëse shishesh (f)	[hapǝsé ʃíʃɛʃ]	apribottiglie (m)
harengë (f)	[harénǝ]	aringa (f)
havjar (m)	[havjár]	caviale (m)
hikërr (m)	[híkǝr]	grano (m) saraceno
hudhër (f)	[húðǝr]	aglio (m)
hurmë (f)	[húrmǝ]	dattero (m)
i ëmbël	[i émbǝl]	dolce
i ftohtë	[i ftóhtǝ]	freddo
i hidhur	[i híður]	amaro
i kripur	[i krípur]	salato
i marinuar	[i marinúar]	sottoaceto
i ngrirë	[i ŋrírǝ]	congelato
i nxehtë	[i ndzéhtǝ]	caldo
i shijshëm	[i ʃíjʃǝm]	buono, gustoso
i skuqur	[i skúcur]	fritto
i tharë	[i θárǝ]	secco
i tymosur	[i tymósur]	affumicato
i zier	[i zíɛr]	bollito
jo alkoolik	[jo alkoolík]	analcolico
kërpudhë (f)	[kǝrpúðǝ]	fungo (m)
kërpudhë helmuese (f)	[kǝrpúðǝ hɛlmúɛsɛ]	fungo (m) velenoso
kërpudhë kapuç-verdhë (f)	[kǝrpúðǝ kapútʃ-vérðǝ]	boleto (m) rufo

kërpudhë ushqyese (f)	[kərpúðə uʃcýɛsɛ]	fungo (m) commestibile
kërpudha e vdekjes (f)	[kərpúða ɛ vdékjɛs]	fungo (m) moscario
kësulkuqe (f)	[kəsulkúcɛ]	ovolaccio (m)
kafe (f)	[káfɛ]	caffè (m)
kafe e zezë (f)	[káfɛ ɛ zézə]	caffè (m) nero
kafe me qumësht (m)	[káfɛ mɛ cúməʃt]	caffè latte (m)
kajsi (f)	[kajsí]	albicocca (f)
kaliboba e kuqe (f)	[kalibóba ɛ kúcɛ]	ribes (m) rosso
kaliboba e zezë (f)	[kalibóba ɛ zézə]	ribes (m) nero
kallamarë (f)	[kałamárə]	calamaro (m)
kalori (f)	[kalorí]	caloria (f)
kamerier (m)	[kamɛriér]	cameriere (m)
kameriere (f)	[kamɛriérɛ]	cameriera (f)
kanellë (f)	[kanéłə]	cannella (f)
kapuçino (m)	[kaputʃíno]	cappuccino (m)
karafil (m)	[karafíl]	chiodi (m pl) di garofano
karamele (f)	[karamélɛ]	caramella (f)
karavidhe (f)	[karavíðɛ]	aragosta (f)
karbohidrat (m)	[karbohidrát]	carboidrati (m pl)
karkalec (m)	[karkaléts]	gamberetto (m)
karotë (f)	[karótə]	carota (f)
kastravec (m)	[kastravéts]	cetriolo (m)
kaush (m)	[kaúʃ]	spiga (f)
kek (m)	[kék]	tortina (f)
kikirik (m)	[kikirík]	arachide (f)
kivi (m)	[kívi]	kiwi (m)
kofshë derri (f)	[kófʃə déri]	prosciutto (m) affumicato
koktej (m)	[koktéj]	cocktail (m)
konjak (m)	[koɲák]	cognac (m)
konserva (f)	[konsérva]	cibi (m pl) in scatola
kopër (f)	[kópər]	aneto (m)
koriandër (m)	[koriándər]	coriandolo (m)
kornfleiks (m)	[kornfléiks]	fiocchi (m pl) di mais
kos (m)	[kos]	yogurt (m)
krap (m)	[krap]	carpa (f)
krapuliq (m)	[krapulíc]	abramide (f)
krem gjalpi (m)	[krɛm ɟálpi]	crema (f)
krem qumështi (m)	[krɛm cúməʃti]	panna (f)
kripë (f)	[krípə]	sale (m)
kruajtëse dhëmbësh (f)	[krúajtəsɛ ðémbəʃ]	stuzzicadenti (m)
krustace (ɥl)	[krustátsɛ]	crostacei (m pl)
kulumbri (f)	[kulumbrí]	uva (f) spina
kumbull (f)	[kúmbuł]	prugna (f)
kumin (m)	[kumín]	cumino, comino (m)
kungull (m)	[kúŋuł]	zucca (f)
kungulleshë (m)	[kuŋułéʃə]	zucchina (f)
kuzhinë (f)	[kuʒínə]	cucina (f)
lëkurë (f)	[ləkúrə]	buccia (f)
lëng domatesh (m)	[ləŋ domátɛʃ]	succo (m) di pomodoro
lëng frutash (m)	[ləŋ frútaʃ]	succo (m)
lëng frutash i freskët (m)	[ləŋ frútaʃ i fréskət]	spremuta (f)
lëng mishi (m)	[ləŋ míʃi]	brodo (m)

lëng portokalli (m)	[ləŋ portokáti]	succo (m) d'arancia
lajthi (f)	[lajθi]	nocciola (f)
lakër (f)	[lákər]	cavolo (m)
lakër Brukseli (f)	[lákər brukséli]	cavoletti (m pl) di Bruxelles
liker (m)	[likér]	liquore (m)
likere (pl)	[likérɛ]	bevande (f pl) alcoliche
limon (m)	[limón]	limone (m)
limonadë (f)	[limonádə]	limonata (f)
lugë çaji (f)	[lúgə tʃáji]	cucchiaino (m) da tè
lugë (f)	[lúgə]	cucchiaio (m)
lugë gjelle (f)	[lúgə ɟétɛ]	cucchiaio (m)
lulelakër (f)	[lulɛlákər]	cavolfiore (m)
luleshtrydhe (f)	[lulɛʃtrýðɛ]	fragola (f)
luleshtrydhe e egër (f)	[lulɛʃtrýðɛ ɛ égər]	fragola (f) di bosco
mëlçi (f)	[məltʃí]	fegato (m)
mëngjes (m)	[mənɟés]	colazione (f)
majdanoz (m)	[majdanóz]	prezzemolo (m)
majonezë (f)	[majonézə]	maionese (m)
makarona (f)	[makaróna]	pasta (f)
makarona petë (f)	[makaróna pétə]	tagliatelle (f pl)
manë (f)	[mánə]	bacca (f)
mana (f)	[mána]	bacche (f pl)
manaferra (f)	[manaféra]	mora (f)
mandarinë (f)	[mandarínə]	mandarino (m)
mango (f)	[máŋo]	mango (m)
margarinë (f)	[margarínə]	margarina (f)
marmelatë (f)	[marmɛlátə]	marmellata (f) di agrumi
mbushje (f)	[mbúʃjɛ]	ripieno (m)
me akull	[mɛ ákuł]	con ghiaccio
mel (m)	[mɛl]	miglio (m)
menu (f)	[mɛnú]	menù (m)
menu verërash (f)	[mɛnú vérəraʃ]	lista (f) dei vini
merluc (m)	[mɛrlúts]	merluzzo (m)
midhje (f)	[míðjɛ]	ostrica (f)
miell (m)	[míɛł]	farina (f)
milkshake (f)	[milkʃákɛ]	frullato (m)
misër (m)	[mísər]	mais (m)
misër (m)	[mísər]	mais (m)
mish (m)	[miʃ]	carne (f)
mish derri (m)	[miʃ déri]	maiale (m)
mish gjel deti (m)	[miʃ ɟɛl déti]	tacchino (m)
mish lepuri (m)	[miʃ lépuri]	coniglio (m)
mish lope (m)	[miʃ lópɛ]	manzo (m)
mish qengji (m)	[miʃ cénɟi]	agnello (m)
mish viçi (m)	[miʃ vítʃi]	vitello (m)
mjaltë (f)	[mjáltə]	miele (m)
mjedër (f)	[mjédər]	lampone (m)
mlysh (m)	[mlýʃ]	luccio (m)
mollë (f)	[mótə]	mela (f)
morele (f)	[morélɛ]	spugnola (f)
mustak (m)	[musták]	pesce (m) gatto

mustardë (f)	[mustárdə]	senape (f)
neskafe (f)	[nɛskáfɛ]	caffè (m) solubile
ngjalë (f)	[nɟálə]	anguilla (f)
omëletë (f)	[omelétə]	frittata (f)
oreks (m)	[oréks]	appetito (m)
oriz (m)	[oríz]	riso (m)
pab (m), pijetore (f)	[pab], [pijɛtórɛ]	pub (m), bar (m)
panxhar (m)	[pandʒár]	barbabietola (f)
papaja (f)	[papája]	papaia (f)
patë (f)	[pátə]	oca (f)
patëllxhan (m)	[patəɫdʒán]	melanzana (f)
patate (f)	[patátɛ]	patata (f)
pate (f)	[paté]	pâté (m)
perç (m)	[pɛrtʃ]	perca (f)
perime (pl)	[pɛrímɛ]	ortaggi (m pl)
peshk (m)	[pɛʃk]	pesce (m)
peshkaqen (m)	[pɛʃkacén]	squalo (m)
pica (f)	[pítsa]	pizza (f)
pije e lehtë (f)	[píjɛ ɛ léhtə]	bevanda (f) analcolica
pije freskuese (f)	[píjɛ frɛskúɛsɛ]	bibita (f)
piper i kuq (m)	[pipér i kuc]	peperoncino (m)
piper i zi (m)	[pipér i zi]	pepe (m) nero
pirun (m)	[pirún]	forchetta (f)
pjatë (f)	[pjátə]	piatto (m)
pjatë (f)	[pjátə]	piatto (m)
pjatë filxhani (f)	[pjátə fildʒáni]	piattino (m)
pjepër (m)	[pjépər]	melone (m)
pjeshkë (f)	[pjéʃkə]	pesca (f)
porcinela (f)	[portsinéla]	porcinello (m)
porcini (m)	[portsíni]	porcino (m)
portokall (m)	[portokáɫ]	arancia (f)
prej çokollate	[prɛj tʃokoɫátɛ]	al cioccolato
proshutë (f)	[proʃútə]	pancetta (f)
proteinë (f)	[protɛínə]	proteine (f pl)
puding (m)	[pudíŋ]	budino (m)
pulë (f)	[púlə]	pollo (m)
pure patatesh (f)	[puré patátɛʃ]	purè (m) di patate
qepë (f)	[cépə]	cipolla (f)
qershi (f)	[cɛrʃí]	ciliegia (f)
qershi vishnje (f)	[cɛrʃí víʃɲɛ]	amarena (f)
qull (m)	[cuɫ]	porridge (m)
qumësht (m)	[cúməʃt]	latte (m)
qumësht i kondensuar (m)	[cúməʃt i kondɛnsúar]	latte (m) condensato
racion (m)	[ratsión]	porzione (f)
reçel (m)	[rɛtʃél]	marmellata (f)
reçel (m)	[rɛtʃél]	marmellata (f)
recetë (f)	[rɛtsétə]	ricetta (f)
rocö (f)	[rósə]	anatra (f)
rrepë (f)	[répə]	rapa (f)
rrepë djegëse (f)	[répə djégəsɛ]	cren (m)
rrepkë (f)	[répkə]	ravanello (m)
rrush (m)	[ruʃ]	uva (f)

rrush i thatë (m)	[ruʃ i θátə]	uvetta (f)
rum (m)	[rum]	rum (m)
rusula (f)	[rúsula]	rossola (f)
salcë (f)	[sáltsə]	condimento (m)
salcë (f)	[sáltsə]	salsa (f)
salcë kosi (f)	[sáltsə kosi]	panna (f) acida
sallam (m)	[saɫám]	prosciutto (m)
sallatë (f)	[saɫátə]	insalata (f)
sallatë jeshile (f)	[saɫátə jɛʃílɛ]	lattuga (f)
salmon (m)	[salmón]	salmone (m)
salmon Atlantiku (m)	[salmón atlantíku]	salmone (m)
salsiçe (f)	[salsítʃɛ]	salame (m)
salsiçe vjeneze (f)	[salsítʃɛ vjɛnézɛ]	würstel (m)
sandviç (m)	[sandvítʃ]	panino (m)
sardele (f)	[sardélɛ]	sardina (f)
selino (f)	[sɛlíno]	sedano (m)
shafran (m)	[ʃafrán]	zafferano (m)
shalqi (m)	[ʃalcí]	anguria (f)
shampanjë (f)	[ʃampáɲə]	champagne (m)
shanterele (f)	[ʃantɛrélɛ]	gallinaccio (m)
shegë (f)	[ʃégə]	melagrana (f)
sheqer (m)	[ʃɛcér]	zucchero (m)
shije (f)	[ʃíjɛ]	gusto (m)
shije (f)	[ʃíjɛ]	retrogusto (m)
shojzë (f)	[ʃójzə]	sogliola (f)
shojzë e Atlantikut Verior (f)	[ʃójzə ɛ atlantíkut vɛriór]	ippoglosso (m)
shpageti (pl)	[ʃpagéti]	spaghetti (m pl)
skumbri (m)	[skúmbri]	scombro (m)
sojë (f)	[sójə]	soia (f)
spec (m)	[spɛts]	peperone (m)
spec (m)	[spɛts]	paprica (f)
spinaq (m)	[spinác]	spinaci (m pl)
supë (f)	[súpə]	minestra (f)
susam (m)	[susám]	sesamo (m)
Të bëftë mirë!	[tə bəftə mírə!]	Buon appetito!
tërshërë (f)	[tərʃérə]	avena (f)
thekër (f)	[θékər]	segale (f)
thikë (f)	[θíkə]	coltello (m)
thjerrëz (f)	[θjérəz]	lenticchie (f pl)
tortë (f)	[tórtə]	torta (f)
tortë (f)	[tórtə]	crostata (f)
troftë (f)	[tróftə]	trota (f)
troftë (f)	[tróftə]	lucioperca (f)
tunë (f)	[túnə]	tonno (m)
turjelë tapash (f)	[turjélə tápaʃ]	cavatappi (m)
uiski (m)	[víski]	whisky
ujë (m)	[újə]	acqua (f)
ujë i gazuar	[újə i gazúar]	frizzante
ujë i karbonuar	[újə i karbonúar]	gassata
ujë i pijshëm (m)	[újə i píʃʃəm]	acqua (f) potabile
ujë mineral (m)	[újə minɛrál]	acqua (f) minerale

ujë natyral	[újə natyrál]	liscia, non gassata
ullinj (pl)	[utíɲ]	olive (f pl)
ushqim (m)	[uʃcím]	cibo (m)
uthull (f)	[úθut]	aceto (m)
vafera (pl)	[vaféra]	wafer (m)
vaj luledielli (m)	[vaj lulɛdiéti]	olio (m) di girasole
vaj ulliri (m)	[vaj utíri]	olio (m) d'oliva
vaj vegjetal (m)	[vaj vɛɟɛtál]	olio (m) vegetale
ve (f)	[vɛ]	uovo (m)
vegjetarian	[vɛɟɛtarián]	vegetariano
vegjetarian (m)	[vɛɟɛtarián]	vegetariano (m)
verë (f)	[vérə]	vino (m)
verë e bardhë (f)	[vérə ɛ bárðə]	vino (m) bianco
verë e kuqe (f)	[vérə ɛ kúcɛ]	vino (m) rosso
vermut (m)	[vɛrmút]	vermouth (m)
vezë (pl)	[vézə]	uova (m)
vezë të skuqura (pl)	[vézə tə skúcura]	uova (f pl) al tegamino
vitaminë (f)	[vitamínə]	vitamina (f)
vodkë (f)	[vódkə]	vodka (f)
xhenxhefil (m)	[dʒɛndʒɛfíl]	zenzero (m)
xhin (m)	[dʒin]	gin (m)
yndyrë (f)	[yndýrə]	grassi (m pl)
zarzavate (pl)	[zarzavátɛ]	verdura (f)